治
次への課題

松田 明

第三文明社

はじめに

重たい買い物袋を提《さ》げて帰宅し、キッチンに同じ商品が買い置きしてあったことに気づく。買ったことをすっかり忘れていたのである。

人は忘れやすい生き物だ。もっとも、情報が多過ぎる時代は、むしろ適度に忘れなければ落ち着いて生きていけない。だが忘れてはならないこともある。

史上最多の三〇八議席を獲得して政権交代した民主党は、なぜわずか三年三カ月で政権から転《ころ》げ落ちたのか。「徹底した無駄《むだ》削減」「コンクリートから人へ」という甘美《かんび》なスローガンと大衆の熱狂。あれはいったい何だったのか。

二〇一五年、安全保障関連法案の審議が続く国会前では毎週末、デモ隊が大声を張り上げていた。野党の首脳らもマイクを握《にぎ》り、「戦争が始まる」「他国の戦争で自衛隊が殺し、殺される」と絶叫《ぜっきょう》した。だが、デモの中心にいた若者グループは翌年には解散。八年経《た》つが自衛隊は他国の戦争になど出かけていない。

少子高齢化。慢性《まんせい》的な労働力不足。新たな大国の台頭。未知のウイルスによるパンデミック。気候変動。国連常任理事国による他国への侵略。世界的な物価高騰《こうとう》。私たちの日常は、まるで乱気流のなかをゆく飛行機のようだ。

私は新聞記者でも政党関係者でもない。編集プロダクションに勤める名もないライターである。「WEB第三文明」にコラムを書くようになったきっかけは、あの安保《あんぽ》関連法案の騒動だった。永田町で何が起きているのか。誰の言っていることが正しいのか。私自身がどうしてもスッキリしなかった。

きっと同じようにモヤモヤしている人がいるに違いない。そこで、公開されている情報を自分なりに拾《ひろ》い集め、時には伝手《つて》をたどって議員や官僚にも会って疑問をぶつけた。以来ずっと、一人の有権者として、思っていることをそのまま拙《つたな》いコラムに書いてきた。野党だけでなく与党への批判や苦言も率直《そっちょく》に書いた。

威勢のいい甘い言葉。不安や怒りの増幅《ぞうふく》。漫然《まんぜん》と繰《く》り返してしまう古い発想。人々は容易に落とし穴にはまる。じつに私たちは忘れやすいのだ。

本書は二〇一五年三月から二〇二三年七月までに「WEB第三文明」に掲載された著者のコラムを抜粋し、大幅に加筆修正したものです。

【目　次】

装丁・本文デザイン／阿部照子（テルズオフィス）

民主党政権とは何だったのか
——今もうごめく〝亡霊〟

戦後八番目の短命内閣

二〇〇九年八月三十日。日曜日の朝、全国紙の一面広告を使って、次のようなメッセージが掲載された。

あなたは言う。どうせ変わらないよと言う。政治には裏切られてきたと言う。しかし、あなたはこうも言う。こんな暮らしはうんざりだと。私は言う。あなた以外の誰が、この状況を変えられるのか。あなたの未来は、あなたが決める。

2009年8月31日、当選の花が付けられたボードの前で記者会見する民主党の鳩山代表（当時） 写真提供：共同通信社

そう気づいた時、つぶやきと舌打ちは、声と行動に変わる。そして、あなたは知る。あなたの力で、世の中を変えた時の達成感を。

この、いささか抒情《じょじょう》的なメッセージの横には、紙面いっぱいに鳩山由紀夫《ゆきお》氏の写真。そして、大きな白抜きの文字で「本日、政権交代。」というコピーが躍《おど》る。

そう、この日は第四五回衆議院議員選挙の投票日だったのである。

そして、鳩山氏が率《ひき》いる民主党が史上最多の三〇八議席を獲得して政権交代が決定した。

鳩山氏が国会で首班指名を受け、民主党政権が発足したのが九月十六日。発足《ほっそく》直後の内閣支持率は七二・〇％（共同通信社調べ）にもなった。

ヨーロッパではすでに「連立政権の時代」に入っており、日本でも一九九三年以来、実際にはほぼ連立政権の時代になっていた。それにもかかわらず、二〇〇〇年代の日本のマスコミは「二大政党制」の到来《とうらい》を待望する熱狂に包まれていたのだ。

その空気のなかで二〇〇〇年代に入って民主党は勢いを伸ばしていた。

マニフェスト選挙を打ち出し、利益誘導型政治・官僚支配からの脱却、公務員の人件費二割削減を訴え、「徹底した無駄《むだ》削減」「コンクリートから人へ」を合言葉に政権交代をめざした。

小選挙区では立候補したくても地元組織が支える自民党からは出馬もかなわない。そこで、「選挙互助《ごじょ》会」と揶揄《やゆ》されるほど、まさに猫も杓子《しゃくし》も民主党に駆け込んで立候補する状況が生まれた。街頭には爽《さわ》やかなイメージの候補者のポスターが並んだ。

当然、野心しかないような有象無象《うぞうむぞう》も集まるので不祥事が続出する。現職議員が暴行傷害、婦女暴行致傷、覚せい剤取締法違反、秘書給与詐欺、弁護士法違反など、信じ難《がた》い罪状で次々と逮捕された。秘書や職員まで含めると逮捕者は何倍にも膨らむ。

それでも当時の民主党はまったく失速しなかった。有権者は議員個々の資質には関心がなく、民主党という目新しい〝ブランド〟を支持していたからだ。

だが、この鳩山政権は戦後八番目の短命内閣に終わる。

裏切られた国民

実際に政権が始動すると、国民を幻惑していた張りぼての美辞麗句《びじれいく》が次々に馬脚《ばきゃく》を現していく。

政権交代への大きな起爆剤になったのは、現在は沖縄県知事を務める玉城《たまき》デニー衆議院議員候補の集会で、鳩山由紀夫代表が普天間《ふてんま》飛行場を「最低でも県外」に移設すると公言したことだった。

政権発足後の九月二十四日になっても、記者との内政懇談《こんだん》で県外移設について改めて問われた鳩山首相は、「基本的な私たちのベースの考え方を変えるつもりはありません」「県外、できれば国外」と発言していた。

ところが、十月二十日に米国のゲーツ国防長官が岡田克也《かつや》外相と会談。ここから情勢が一転した。岡田外相は二十三日の会見で「県外は事実上、考えられない」と表明する。

鳩山首相もオバマ大統領から日米首脳会談すら拒絶されると、十二月四日には「当然ながら辺野古《へのこ》（移設案）は生きている」と、あっさり一八〇度の方針転換をした。要するに「最低でも県外」は、単なる鳩山氏の思いつきだったのだ。

結局、二〇一〇年五月四日には、首相自らが沖縄県知事のもとを訪問して県外移設断念を伝える。

記者から〝公約違反〟ではないかと問いただされると鳩山首相は、「（県外移設は）『党としては』という発言ではなくて、私自身の『代表としての』発言」と開き直った。

一方〝政治とカネ〟をめぐっても、鳩山首相の政治資金収支報告書に重大な虚偽記載があることが総選挙の前から取り沙汰《ざた》されていた。

二〇〇九年十一月には、東京地検特捜部の捜査が進むなかで、すでに故人となった人物からのものや匿名で処理されていた九億円が、実際には鳩山氏の母親からの資金提供であると判明した。この件で公設第一秘書が在宅起訴されたが、鳩山氏は議員辞職を拒否。

二〇一〇年五月二十八日には、普天間飛行場の移設先を辺野古にする旨《むね》を閣議決定し、日米共同声明を発表した。今に至る沖縄・辺野古の混乱を招いたのは、他でもない民主党政権なのだ。

当然のことながら、内閣支持率は一九・一％（共同通信社調べ）まで急落して、鳩山内閣は六月四日に総辞職。在任期間二六六日の、戦後八番目の短命政権に終わった。

あの投票日の全面広告に綴《つづ》られた「政治には裏切られてきた」を、わずか九カ月後に日本中の人々が味わう結果となったのである。

失敗した三つの理由

民主党政権も、実際には社民党、国民新党との連立政権だった。政権が「県外移設」を断念したことで社民党は連立から離脱。このあと、民主党は菅直人《かんなおと》内閣、野田佳彦《よしひこ》内閣と移るが、内部抗争が激化していった。

もともと、小選挙区で勝ちたいという理由だけで右から左まで寄せ集めた政党だ。しかも、手段に過ぎない「政権交代」が彼らにとっては目的になっていた。政権交代を果たした途端に、内部抗争の泥仕合が始まったのである。

結局、二〇一二年十二月の第四六回衆議院議員選挙で大敗。わずか三年三カ月で政権の座から退場した。

民主党政権という〝実験〟が失敗した理由は、大きく三つ挙げられるだろう。

第一は、その成り立ちからして、いわゆる「ポピュリズム」的だったことである。

ポピュリズムとは、政治変革を目指す勢力が、既成の権力構造やエリート層（および社会の支配的な価値観）を批判し、「人民」に訴えてその主張の実現を目指す運動とされる。ここではエリートや「特権層」と、「人民」（あるいは「民衆」「市民」）の二項対立が想定される。そして、変革を目指す勢力が「人民」を「善」とする一方、エリートは人民をないがしろにする遠い存在、「悪」として描かれる。

（『ポピュリズムとは何か』水島治郎／中公新書）

冒頭の投票日の新聞広告は、こうした図式を見事なまでに体現している。既成の政権は国民を裏切り続ける〝悪〟であり、「こんな暮らしはうんざりだ」と嘆《なげ》いている虐《しいた》げられた側が、変革に立ち上がるという物語である。自分たちを〝置き去りにされた人々〟〝不利益を被《こうむ》っている側〟に設定し、社会をマジョリティとマイノリティの二項対立に単純化して、善悪のラベリングで分断する。トランプ現象やヨーロッパに吹き荒れているそれである。

じつは、日本の民主党は二〇〇九年にこの手法で政権を奪取していた。政権の座に就《つ》いたあとも、与党内で合意形成ができず、原理主義的に対立しては仲間割れをする。この体質は、のちに下野《げや》したあとも続く。

第二は、政治手法の目玉に据《す》えた「政治主導」が引き起こした機能不全。民主党は政権の座に就くと、今度は霞が関の官僚が〝悪〟であるかのような対立の構図を演出し、「事業仕分け」に象徴されるショーアップされた官僚叩きを続けた。政務三役による政策決定は官僚との摩擦を決定的なものにし、そのツケは東日本大震災での無策と迷走という形で国民の上に降り注《そそ》いだ。

第三は、旧自民党から旧社会党まで、イデオロギーも政治理念もバラバラな政治家を、マニフェストで束《たば》ねようとしたことである。

「月額二万六〇〇〇円の子ども手当」「ガソリン暫定税率《ざんていぜいりつ》廃止」「高速道路無料化」など、人々の歓心《かんしん》を買うマニフェストを掲《かか》げておきながら、その財源を捻出《ねんしゅつ》できなかったばかりか、最後にはマニフェストになかった消費増税へと舵《かじ》を切った。

マニフェストがことごとく画餅《がべい》になっていくと、一気に求心力がなくなり、小沢グループの離脱など内側から崩壊。国民からも見放されて、政権の座から滑《すべ》り落ちたのである。

旧民主党　政権交代から10年の歩み

2009年8月30日	衆院選で民主党圧勝。政権交代へ
9月16日	鳩山連立内閣発足
2010年6月8日	菅内閣発足
2011年9月2日	野田内閣発足
2012年6月26日	小沢一郎元代表らが消費税増税法案の衆院採決で集団造反。民主党分裂へ
12月16日	民主党が衆院選で惨敗。野党に転落
2016年3月27日	民進党結成
2017年9月25日	小池百合子東京都知事が希望の党結成
10月3日	枝野幸男氏が立憲民主党結成。同月の衆院選で野党第1党に
2018年5月7日	民進党と希望の党が合流し国民民主党結成
2019年8月20日	立民、国民両党が衆参両院での会派合流に合意

共同通信社の記事を参考に作成

今も変わらない体質

政権交代を決めた総選挙から一〇年となった二〇一九年八月三十日。この民主党政権のど真ん中にいた立憲民主党の枝野幸男《ゆきお》代表（当時）や、二〇〇九年の選挙で民主党から初当選した国民民主党の玉木雄一郎代表は、記者から心境を問われた。

「期待に応えられなかった反省と、同じ過《あやま》ちを繰《く》り返さないということでやってきたつもりだ」（枝野代表）

「期待を裏切ってしまったことには真摯《しんし》な反省とおわびが必要だ」（玉木代表）

しかし、どうだろう。旧民主党勢力、とりわけ今の立憲民主党の人々は、政権を失ってからもずっと、じつは同じように「反アベ」だけを唱え、共産党などと一緒になって社会を〝善と悪〟に分断するアジテーションを繰り返してきたのではないのか。

同じ過ちを繰り返しているから、内輪もめの離合集散が止まず、コアな支持層はエキセントリックさを増し、支持率は低迷を続けているのである。

今また立憲民主党内では、小沢一郎氏が「反執行部」のグループを立ち上げ、日本共産党との選挙協力を進めようとしている。果てしなく繰り返される、仲間割れと野合。

それは、かつてブームに乗せられてブランドで政党を選び、候補者の資質を厳しく問うことを忘れた有権者自身のツケでもあるのだ。

「チーム三〇〇〇」から生まれたもの

市区町村議員数トップは公明党

政治というと、ともすれば「国政」ばかりにメディアの焦点が当たりがちだが、議員の数で見れば「地方政治」のほうが大きい。

なにより、国民一人一人の声や個別の地域の声を政治に反映させ、国政を地域・地方から下支えするという民主主義のあるべき姿から見ても、「地方政治」はきわめて重要なのである。

そして、こうした「国」と「地方」の全体の視野で政党の力量を見ると、単なる国会での議席数とは違った姿が見えてくる。

たとえば、人々の暮らしの現場にもっとも近い市区町村議会議員の数は、こんな具合だ。（※本書執筆時点における総務省の最新公表報道資料は二〇二三年二月二十八日発表の数字となる）

公明党	二六八二人
日本共産党	二三七五人
自由民主党	二一七三人
立憲民主党	二五四人
日本維新の会	一六七人
社会民主党	一三七人
国民民主党	五三人
ＮＨＫ党	三五人
参政党	一二人

れいわ新選組　　　　　　　二人
諸派　　　　　　　　九七〇人
（総務省「報道資料」）

これに都道府県議会議員を足すと、自由民主党が三四一九人、次いで公明党が二八七九人となる。
一方で、テレビでは派手にパフォーマンスを見せていても、実際の国民の暮らしの現場では機能していないに等しい政党や、住民の声に耳を傾《かたむ》けるには能力が程遠い政党があるのもわかる。

地域に足場がない旧民主系

たとえば公明党は、二〇一八年四月から三カ月間で「一〇〇万人訪問・調査」を実施して結果をまとめた。他の政党には真似《まね》のできない仕事だ。

公明党には党員だけでなく、選挙のたびに支援を惜《お》しまない創価学会員の存在がある。学会員は老若男女、社会のあらゆる立場や職種にいる。特定の業界の労組などの利害に偏《かたよ》ることがない。

それらの多様な人々が、日々の暮らしや共同体での課題などを身近な市区町村議員に伝えている日常は、逆に見ればそれだけの膨大な「虫の目」の課題発見能力を公明党が持っているということなのだ。その姿そのものが民主主義の理想を具現化している。

中央大学教授の中北浩爾《こうじ》氏（日本政治史）は、

これほど国会議員や地方議員が現場に足を運び、有権者の声に耳を傾けている政党はない。一方、旧民主党系の野党は、地域に足場がないことが決定的な弱点となっている。（『公明新聞』二〇一九年一月二十八日付）

と述べている。

日本共産党は地方議員数がそれなりにあっても、政権を取って働いた経験が皆無《かいむ》なうえ、そもそも「対決」「きっぱり反対」だけで党勢を維持しているので、現場の声を国政に反映させることができない。

立憲民主党など旧民主党系の政党は、地域の現場ではポスターは貼ってあれども議員の姿が見えない。

「高齢者虐待防止法」の舞台裏

公明党の「チーム三〇〇〇」が、他党には真似たくても真似られないフラットな機動力を持っていることは、すでにメディアや識者によって多く語られてきたところだ。

『朝日新聞』(二〇一五年二月十五日付)「政治断簡」に、秋山訓子《のりこ》政治部次長(当時)が高齢者虐待防止法の成立した経緯を紹介していた。

きっかけは、地域での福祉活動の経験が買われて五十五歳で公明党埼玉県議になった久保田厚子さん。認知症で暴力的になってしまう高齢者があり、介護に追い詰められた家族が虐待に及んでしまう不幸な実態が少なからずあることを、それまでの経験で知っていた。

初当選した〇三年、県議会の初質問で久保田さんは他県の事例を挙げ、埼玉県の実情を県に問い質《ただ》した。すると県はすでに実態調査をしており、〇二〜〇三年に一〇二件の事例があったことがわかって、地元紙に大きく報道された。

これを知ったのが、同じ〇三年に初当選した公明党衆議院議員の古屋範子さんだった。全国的に深刻な問題のはずだと直感し、議員立法に取り組む。自民党の大臣経験者に与党のプロジェクトチーム立ち上げを直談判し、やがて他党も法案作りに動き、二年後の〇五年に国会の全会一致で高齢者虐待防止法が成立した。

秋山次長はこの「政治断簡」のなかで、

この法律で高齢者虐待がなくなるわけではない。しかし政治家たちが動いたことで、これが課題なのだという社会へのメッセージになった。高齢者虐待は今、広く知られている。光をあてたのは、まだまだ経験の浅い政治家たちだった。

と記している。国政も地方も、経験年数も関係なく、フラットなチームワークで即座に動く公明党「チーム三〇〇〇」の真骨頂を物語る事例ではないだろうか。

「チーム三〇〇〇」が有機的に連携してもたらした成果のひとつに、「学校耐震化率一〇〇％達成」がある。一九九五年に起きた阪神・淡路大震災で、震災時の避難拠点として学校の耐震化が大きくクローズアップされたにもかかわらず、当時の自社さ政権は動きを見せなかった。

公明党は政権入りすると、二〇〇一年に女性委員会が「学校施設改善対策プロジェクト」を設置した。

さらに〇二年に公明党文科部会が「学校施設耐震化推進小委員会」を設置。〇六年、公明党の北側国土交通大臣（当時）が「建築物の耐震診断及び耐震改修の促進を図るための基本的な方針」を策定。耐震化事業に必要な地方自治体の財政負担を軽減する地震防災対策特別措置法を改正した。

これを受けて、公明党の地方議員も各議会で耐震化の推進を訴え、〇二年には四四・五%に過ぎなかった公立小中学校の耐震化率は二〇一五年度予算概算要求でほぼ一〇〇%に達する見込みとなった。「ほぼ」というのは、対象となる約一二万棟のうち統廃合の予定があるものや震災被災地で改修困難などの一%弱が存在するためだ。

臍帯血《さいたいけつ》バンク、ドクターヘリの導入、ハイパーレスキュー隊、AEDの全国設置、ヘルプマーク、といったものも、公明党地方議員と国会議員の連携から生まれたものとして知られている。

「災害対策」に強い政党
――自治体首長らの率直な評価

「生活再建支援法」を成立させる

人間の生命に対する政治の〝感度〟。それがもっとも象徴的にあらわれる場面が「災害」だ。公明党は、二〇一九年の参議院選挙の公約として、「防災・減災・復興を社会の主流に」を掲《かか》げた。

「一人の生命を守り抜く」ため、公明党は、「防災・減災・復興」を政治の主流に位置付け、防災意識を高める教育に全力を挙げ、「社会の主流」に押し上げていきます。あらゆる知恵を総動員し、世界一災害に強い「防災大国」を構築します。（公明党「参院選二〇一九　マニフェスト」より）

東日本大震災を受けて、公明党は二〇一二年夏に「防災・減災ニューディール政策」を提唱した。

高度成長期に集中してつくられた社会インフラは、半世紀が過ぎた今、老朽化《ろうきゅう》という問題に直面している。

こうした老朽インフラを適切に修繕《しゅうぜん》補強し、大地震に備《そな》えて耐震化を進めていく。必要な箇所に公共事業を集中させることで、雇用を創出し、景気回復への基盤を築《きず》くというのが「防災・減災ニューディール政策」だ。

三〇年以内の発生確率が七〇％とも八〇％ともいわれる南海トラフ大地震や首都直下地震など、東日本大震災を上回る巨大な被害をもたらす大地震が、刻一刻と日本列島に迫っている。

二〇一八年の大阪府北部地震は最大震度六弱ではあったが、被害棟数は一部損壊《そんかい》も含めて五万超。地震保険の請求額は阪神・淡路大震災を超えて歴代三位となった。毎年のように各地で発生する豪雨災害も深刻である。

こうしたなかで、「防災・減災」を政治の中心課題に据《す》えて取り組もうとする公明党に対しては、識者からも期待と評価が高い。

巨大災害研究センター長、防災研究所長などを歴任した「防災・減災・危機管理」のスペシャリスト、河田惠昭《かわたよしあき》・関西大学特別任命教授は、

これまで、政治の主要争点に掲げられることの少なかった防災へ光を当てようとする姿勢に敬意を表します。

公明党は、目先の選挙のために防災を語るのではなく、これまでも日常の党活動の一環として、防災運動や人々の意識啓発活動に取り組んでこられました。（『第三文明』二〇一九年七月号）

と述べ、公明党の議員が発災直後の被災地で被災者の悲しみに寄り添い、丹念《たんねん》に小

さな声に耳を傾《かたむ》けて政策実現につなげてきたことを指摘する。さらに、

その一例をあげれば、阪神・淡路大震災を機に成立した「改正被災者生活再建支援法」でしょう。公明党の尽力により成立した同法律は、「住宅などの私有財産再建に税金は投入できない」「法律はさかのぼって適用できない」との政治の常識を打ち破るものとなりました。(同)

とも評価している。

「これが議員の姿だと思う」

民主党政権下で起きた東日本大震災でも、公明党は「野党」であったが、ネットワーク政党の強みをいかんなく発揮し、被災地に必要な対策を次々に政府に提言し続けた。

その迅速《じんそく》さは、「政府が、まったく機能していない」（『週刊朝日』二〇一一年四月一日号）という民主党政権の「遅い、鈍《にぶ》い、心がない」とは対照的であった。岩手を選挙区とする小沢一郎氏は、被災した地元に足を運ぼうともしなかった。このことは、のちに国民民主党岩手県連から大量離党を生む遠因《えんいん》のひとつになっている。

震災関連法案の議論も、現場を把握《はあく》している公明党が主導し、復興庁の早期設置、復興特区の創設など、成立した法案は公明党の主張を丸呑《の》みしたものとなった。「東日本大震災復興基本法案」という名称も、公明党が掲げたものを採用している。

被災地の自治体首長らからも、公明党への評価の声が相次《あいつ》いだ。

公明党の方々は、現地に足を運ぶ中で、被災者が何に苦しみ、困っているのかを聞き、国会の場で何を訴えるべきかを尋ねてくれた。これが議員の姿だと思う。（戸羽太《とばふとし》・陸前高田市長〈当時〉／『公明新聞』二〇一一年九月十五日付）

机上の空論ではない。本当に仕事をしていると感じる。（井口経明《つねあき》・岩沼市長〈当

時〉／同九月二十日付）

公明党の議員は、被災直後からフットワークも軽く、現場を歩き、さまざまな情報を伝えてくれた。仮設住宅の住環境についても、一軒一軒回ってアンケートを回収し、その結果を県に提出してくれた。こうした活動ができる政党は、公明党しかない。（村井嘉浩《よしひろ》・宮城県知事／同二〇一二年三月十一日付）

こうした公明党の「一人の生命を守り抜く」という姿勢は、与党の一員となることで、さらに政治を動かしてきた。

国の対応は政権によって違う

二〇一六年に震度七に二回見舞われた熊本地震。熊本県では、発災直後から「創造的復興」との理念を掲げ、被災前よりも良い状態への復興に取り組んできた。蒲《かば》

島郁夫《しまいくお》・熊本県知事は、

大きな災害があった際の国の対応は、そのときの政権によって異なります。(『第三文明』二〇一九年八月号)

と語る。

くまモンの登用など斬新な手腕が光る蒲島知事は、二〇〇八年の知事就任まで筑波大学や東京大学で教授を歴任してきた政治学の専門家でもある。

一九九五年の阪神・淡路大震災では、そもそも当時の自社さ政権に「創造的復興」などという哲学すらなかった。

高速道路が倒壊《とうかい》し、新幹線をはじめ鉄道網が寸断されているなかで、当時の運輸大臣は震災の二日後、被災地ではなく青森県知事の応援演説に出かけている。自社さ政権の鈍感さと冷酷さをよくあらわしている。

東日本大震災の際の民主党政権には、「創造的復興」という考え方はあったが、

熊本地震の対策協議をする石井啓一国交相（当時。左から２人目）と会談する熊本県の蒲島郁夫知事（右端）　写真提供：共同通信社

それを実行する能力を持っていなかった。いざという時に、その政権の本質や力量が出てしまうのだ。

公明党が政権内にいたから

こうした過去の経緯を踏まえ、蒲島知事は、

熊本地震のときに、もしも自民党の単独政権だったとしたら、私は〝自分のことは自分でやれ〟という新自由主義的な対応に傾く恐れがあったと思っています。公明党は伝統的に福祉や平和、弱者への配慮《はいりょ》など、社民主義的な要素を持っておられます。熊

本地震で熊本県は、負担の最小化と被災地への最大限の配慮、そして創造的復興という哲学を求めました。それらを政府に認めてもらえたのは、ほかでもなく公明党が政権内にいたからでしょう。(『第三文明』二〇一九年八月号)

と語っている。

その象徴が、石井啓一大臣が率《ひき》いる国土交通省だと思います。国交省は政治と官僚がタッグを組んで、最大限のスピードで対応してくださいました。また、いつも小さな声に耳を傾けている公明党の議員の皆さんには、何度も熊本県に足を運んでいただきました。福祉や平和に加えて、災害対策も公明党の大きな強みだと私は感じています。(同)

熊本地震の復興について、公明党が政権内で果たしてきた役割がどれほど大きかったか。知事の率直な証言には重みがある。

「平和」「福祉」に加え、「防災・減災」でも大きな力量を発揮してきた公明党。引き続き政権内で存在感を示し、政治の安定を図り、国民の「生命」を守る政治を前に進めてもらいたい。

公明党が果たす役割
――地方でも国政でも重要な存在

唯一の安定した枠組み

公明党が自民党の要請で連立政権に加わったのは一九九九年十月五日のことだ。北海道拓殖銀行の経営破綻《はたん》、山一証券の自主廃業、日本長期信用銀行の破産申請など、九〇年代後半の日本経済は未曽有《みぞう》の危機に陥《おちい》っていた。

アジア通貨危機に加え、九八年七月の参院選では自民党が過半数割れ。九八年九月九日の日銀・金融政策決定会合で速水優《はやみまさる》・日銀総裁（当時）が、大銀行一九行ですら、デフォルト（編注：債務不履行のこと）を起こしかねないという、考えられもしなかったことが現実化しつつある（「ロイター」二〇〇九年一月二十八日）

と深刻な危機感を表明していたことが、一〇年後に公開された議事録で明らかにされた。

冷戦終結から一〇年。日本発の世界恐慌の恐れが現実味を帯びるなかで、もはや自民党単独政権では立ち行かないことが明確になっていた。政治の安定は日本の命運を左右する喫緊《きっきん》の課題だった。

九九年五月、小渕恵三《おぶちけいぞう》首相は訪問先の米国で、「自公」協力への期待を記者団に述べる。七月の自公党首会談では小渕氏から正式に政権参画《さんかく》への要請があり、公明党は臨時党大会で連立への参加を決定した。

一〇年後の民主党政権も国民新党や社民党との連立で始まったが、政権の座に就《つ》くなり政権内での権力闘争が激化。連立が崩壊したばかりか民主党内からも離党者が相次《あいつ》ぎ、わずか三年余で終焉《しゅうえん》した。

さらに下野《げや》したあとも仲間内での合意形成ができず、対立が先鋭化。民主党は消滅し、かつての最大野党の流れをくむ社民党も事実上消滅したに等しい。

民主党政権の顔ぶれがズラリと復活した立憲民主党は支持率が伸びず、共産党との連携協力がなければ国会運営も選挙もままならない。

誤解を恐れずにいえば、自公連立は現在の日本政治での唯一の安定的な政権の枠組みになっている。（中北浩爾《こうじ》『自公政権とは何か――「連立」にみる強さの正体』ちくま新書）

「地中深く打ち込んだ杭」

それにしても、なぜ公明党だけがこれほど長く自民党の連立パートナーであり続けているのか。

ひとつには、公明党が「大衆とともに」を理念とし、全国津々浦々の生活者のなかに根を張っている政党だからだろう。

政治はバラ色の夢物語ばかりを出す玉手箱ではない。国民に困難や負担を要請しなければならない局面もしばしばある。

風頼みの政党は、どうしても耳あたりのいいポピュリズムに走りがちだ。次の選挙での当落だけを意識して目まぐるしく合従連衡《がっしょうれんこう》を繰《く》り返し、そのたびに議員の主張もあっさり変わる。

公明党のことを「地中深く打ち込んだ杭《くい》」と評した政治学者がいたが、大衆の信頼と支持を得ているからこそ、中長期的な政策課題にも取り組める。「組織票」という単純化した見方で、あたかもそれが〝悪〟であるかのような短絡的な思考は、大事なことを見落としてしまう。

もうひとつは、合意形成を図る能力の高さ。これは、市区町村のレベルから外交・安全保障まで、一貫してあらわれている公明党の傑出《けっしゅつ》した資質といってよいと思う。

公明党と自民党とは政治理念も支持層も大きく異なる。だからこそ、公明党が自民党とはチャンネルの異なる大衆の声を拾《ひろ》い、粘り強く合意形成を図ることで、結果的には政治が極端に傾《かたむ》くことを回避し、より幅広い国民の意見に沿うことを可能にしてきた。混乱が続く世界の先進国のなかで、日本は飛びぬけて政権と政策が安定している。

米国ノーステキサス大学の前田耕《こう》・准教授と、インディアナ大学のアダム・P・リッフ助教（現・准教授）の「自公連立政権」に関する共同論文が、二〇一九年春のケンブリッジ大学の学術誌に掲載され、各国の政治学者のあいだで話題を呼んだ。

注目されたのは、自公連立政権が、支持基盤や重要な政策課題に対するイデオロギーに開きがあるにもかかわらず、安定したパートナーシップを持続していること。自民党がすでに単独政権でも可能な議席数を衆参で獲得しているのに、公明党との連立を解消しないことだった。

さらに〝下駄《げた》の雪〟どころか、自民党に比べてかなり少数である公明党が、議席数よりも大きな影響力を自民党に対して行使していることも論文は明らかにしていた。

もちろん大所帯の自民党のなかには、こうした公明党の影響力をおもしろく思わない議員もいる。公明党の支援がなくても当選できるという議員もいる。「与党としての議席の最大化」を目標に公明党が小選挙区の自民党を支援しても、向こうは公明党の比例区支援に消極的という議員もいるようだ。

二〇二三年五月、公明党の石井幹事長が「東京における自公の信頼関係は地に落ちた」と異例の強い言葉で批判したように、互いに言うべきことは言い合う関係なのだ。ただ、それでも政権の安定に向けては合意形成できる成熟した関係が自公のあいだには築《きず》けている。

元・全国市長会会長の評価

自民党選出の山口県議会議員を三期、防府市長を五期二〇年、第二九代全国市長会会長を務めた松浦正人《まさと》氏は、市長時代に公明党の意見を聞く必要性をいつも感じていたという。

全国市長会の会長を務めてきた中で、全国の市長たちも皆同じように感じていたとも思っています。そして、それは国においても同じです。さまざまな日本の危機にあって最悪の事態に直面することを免れたのも、公明党の現場目線に立った政策提言があったからだと思っています。(『第三文明』二〇二一年二月号)

松浦氏は、小選挙区制度が導入されてから自民党では派閥の領袖《りょうしゅう》や党本部の存在感が弱まり、自民党の国会議員が〝小選挙区を牛耳《ぎゅうじ》る一部の人たちに選ばれるもの〟に変わったことを率直に指摘している。

その仕組みを自民党の地方の県連のボスたちがつくってしまったのです。(同)

そして、この点で公明党の議員は日頃から地道に地域に貢献している党員・支持者が資質を認めた候補者が、さらに選挙でふるいにかけられていると言明する。だから信頼に値する議員が誕生するのだと。

公明党はそのような議員を全国自治体に三〇〇〇人もの陣容で広げているのです。全国各地の地方自治において、この三〇〇〇人の方々は、政治の地崩れを防ぐ〝敷石《しきいし》〟のような存在になっています。(同)

公明党の議員たちがいかに真剣に仕事に取り組んでいるかは、党派を超えて衆目の一致するところだろう。

二〇一九年に刊行された『日本の地方議会』(辻陽《あきら》/中公新書)でも、第二章「議員の仕事」のなかの、「二四時間三六五日議員」と題された第三節で、市議会議長まで務めたある公明党市議の姿が綴《つづ》られている。

多いときは日に三件の市民相談を受けるなど、まったくプライベートなどないに等しい激務をこなし、同時に議長に選出されるほど公平性と見識を持っている。

書籍の性質上、この議員の名前は明かされていないが、地方／国政を問わず公明党議員を象徴する姿だろうと思う。

「一」が「三〇〇〇」になる政党

公明党の持つ高い能力の三番目として、三〇〇〇人の議員がフラットかつ密接に連携するチームワークがある。閣僚も市区町村議員も互いに「さん」づけで呼び合い、松浦氏が語ったような「ボス」も存在しない。

たとえば都府県境をまたぐ道路やインフラの整備なども、公明党はそれぞれの地方議員が、あるいは地方議員と国会議員が連携して対処してきた。

この「チーム三〇〇〇」のネットワークこそ、日本の政党のなかで公明党だけが持つ特質である。選挙は、公明党の「チーム三〇〇〇」を構成するピースが欠けることなく引き続き機能し続けられるか否かを決する場だ。

あなたの日頃の〝推《お》し〟の政党がどこであったとしてもいい。ただ、あなたの暮らす選挙区に公明党の地方議員がいるのなら、その公明党の議席は断然守るべきだと言いたい。

点字ブロック、ドクターヘリ、校舎の耐震化、学校のエアコン、教科書無償配布、児童手当、女性専用車両、駅のホームドアやバリアフリー、ジュースの成分表示、加工食品のアレルギー表示、ヘルプマーク、軽減税率、携帯電話の番号ポータビリティ……。あなたの日常の「あたりまえ」にも、公明党の「チーム三〇〇〇」が小さな声を形にしたものがあふれている。

あなたの住む選挙区に公明党の議員が一人誕生することは単なる「一」ではなく、あなたの暮らしが「三〇〇〇人」の議員ネットワークとつながることを意味する。これだけは他の政党の議員が逆立ちしても真似《まね》できないことだ。

世界ではウクライナへの軍事侵攻が続き、いまだ新型コロナウイルスのパンデミックも完全には終息していない。物価高騰《こうとう》や気候変動など課題は多く、政治に遅滞や混乱は許されない。誰しもがストレスや不満、不安を強くしている。支持率が伸びない野党は、そうした人々のネガティブな感情を煽《あお》って燃料にしようとするだろう。

批判や非難をするのは簡単でも、実際に合意形成をしながら政治を前に進めることは至難である。政治の傲《おご》りや腐敗を拒絶し、社会の分断を避けて多様な意見を集約するためにも、公明党にはより一層の存在感を示してもらいたい。

公明党と「政教分離」——〝憲法違反〟と考えている人へ

憲法二〇条が成立した背景

公明党のあり方は、憲法二〇条に示された「政教分離」に反するのではないか？

宗教団体が政治に関与することは、そもそも違憲ではないのか？

そのような主張が、今なおSNS上などでも見かけられる。

これは、公明党や創価学会を好きな人も嫌いな人も、特定の信仰を持つ人も持たない人も含め、すべての人にとって重要な問題なので、ぜひ正しく理解してほしいと思う。

日本国憲法第二〇条は、次のような条文だ。

1　信教の自由は、何人に対してもこれを保障する。いかなる宗教団体も、国から特権を受け、又は政治上の権力を行使してはならない。

2　何人も、宗教上の行為、祝典、儀式又は行事に参加することを強制されない。

3　国及びその機関は、宗教教育その他いかなる宗教的活動もしてはならない。

第二〇条は「信教の自由」を定めたものである。その「信教の自由」を実質的に支えるために、国家および公権力が宗教や個人の信仰に介入することを禁じている（政教分離原則）。なぜなら大日本帝国憲法でも、文言のうえでは「信教の自由」は謳《うた》われていたが、

安寧《あんねい》秩序ヲ妨《さまた》ケス及臣民《しんみん》タルノ義務ニ背《そむ》カサル限《かぎり》ニ於《おい》テ（国家の安全と秩序を妨げず、国民の義務に反しない限りにおいて）

という条件付きだったのだ。

さらに〝神社は国家の祭祀《さいし》であり他の宗教とは別〟として内務省で所管（他の宗教は一九四〇年に文部省所管）。「国家神道《しんとう》」を国民に強要し、戦争遂行へと国民を精神的に総動員していった。

その過《あやま》ちを二度と繰《く》り返さないために、第二〇条は定められている。

「いかなる宗教団体も～」の意味

伝統的な法学の世界で使われる「政教分離」という用語は、英語では「Separation of Church and State」と表現され、文字どおり「教会と国家の分離」を意味する。「政」は「政治」や「政党」ではなく「国家」なのだ。

日本国憲法の「政教分離」は、国家に対して〝宗教への国家の中立性〟を求めるものであって、国民に対して〝宗教者の政治参加〟を禁じたものではない。

最高裁判例でも、「政教分離原則」とは「国家の非宗教性ないし宗教的中立性」を意味すると示され、これらは日本の憲法学界の通説（多数説）として定着している（「最高裁判所判例集」）。

このことは、日本国憲法の草案が帝国議会で議論された際、すでに確認されている。

以下は、一九四六年七月十六日の衆議院の「帝国憲法改正案委員会」における、松沢兼人議員（日本社会党）の質問と金森徳次郎・国務大臣の答弁の議事録だ。（※表記は現代仮名遣いにあらためた）

松沢委員　「いかなる宗教団体も…政治上の権力を行使してはならない」と書いてあるのであります。これは外国によくありますように、国教というような制度を我が国においては認めない、そういう趣旨の規定でありまして、寺院やあるいは神社関係者が、特定の政党に加わり、政治上の権利を行使するということはさしつかえがないと了解するのでありますが、いかがでございますか。

金森国務大臣　宗教団体そのものが政党に加わるということがあり得るかどうかは、にわかには断言できませんけれども、政党としてその関係者が政治上の行動をするということを禁止する趣旨ではございません。（「帝国議会議事録」）

ここで松沢議員は、「いかなる宗教団体も――」の条文が、特定の教団やその関係者が特定の政党に参画して政治上の権力を行使することを禁じていないことを政府に確認している。

これに対し、政府（金森大臣）も「禁止する趣旨ではない」と明言している。

宗教者の政治参加を禁じない

松沢議員は、さらに具体的な例を想定して質問した。

松沢委員　我が国におきましてはそういう例はございませんが、たとえばカトリック党というような党が出来まして、これが政治上の権力を行使するというような場合は、この規定に該当しないと了解してよろしゅうございますか。

金森国務大臣　この権力を行使するというのは、政治上の運動をすることを直接に止めた意味ではないと思います。国から授けられて、正式な意味において政治上の権力を行使してはならぬ。そういうふうに思っております。(同)

日本国憲法の草案が国会で議論された時点で、「いかなる宗教団体も、国から特権を受け、又は政治上の権力を行使してはならない」の条文は、宗教者が政党を結成して政治参加することを禁じる意味ではないと確認されているのだ。

なお「政治上の権力」とは、一般的には「国又は地方公共団体に独占されている統治的権力」と考えられており、立法権、裁判権、課税権、行政機関の職員の任免権等の行政権がこれに属するというのが、現在も一貫した日本政府の見解である。

与党になり閣僚となっても何ら問題などない。

政府としては、憲法の定める政教分離の原則は、憲法第二十条第一項前段に規定する信教の自由の保障を実質的なものにするため、国その他の公の機関が、国権行使の場面において、宗教に介入し、または関与することを排除する趣旨であつて、それをこえて、宗教団体または宗教団体が事実上支配する団体が、政治的活動をすることをも排除している趣旨であるとは考えていない。（一九七〇年四月二十四日「政府答弁書」）

憲法の定める政教分離の原則の趣旨については、これまでの答弁書に述べたとおりであつて、宗教団体が公職の候補者を推薦し、もしくは支持すること、またはこの結果、これらの者が公職に就任して国政を担当することを、この原則が禁止しているものとは、考えられない。（一九七〇年五月十九日「政府答弁書」）

憲法第二十条第一項後段は、「いかなる宗教団体も、…政治上の権力を行使してはならない。」と定めているが、ここにいう「政治上の権力」とは、一般的には、「国又は地方公共団体に独占されている統治的権力をいう。」と考えられており、立法権、裁判権及び課税権、行政機関の職員の任免権等の行政権がこれに属すると解している。

政府としては、従来から、右規定は、宗教団体が国又は地方公共団体からこのような統治的権力の一部を授けられてこれを行使することを禁止している趣旨であって、特定の宗教団体と密接な関係にある政党に所属する者が内閣の構成員になったとしても、当該宗教団体と当該内閣の構成員とは法律的に別個の存在であり、宗教団体が「政治上の権力」を行使していることにはならないから、憲法第二十条第一項後段違反の問題は生じないと解してきているところである。

（二〇〇〇年五月十九日「政府答弁書」）

じつはこの問題は、草案を起草したＧＨＱ（連合国軍総司令部）の委員会でも議論されていた。

当初、ＧＨＱのなかでは、戦時下の国家神道を念頭に、新憲法では聖職者の政治参加を禁じるとする案が出ていた。しかし、一九四六年二月八日の人権委員会と運営委員会との協議で、運営委員会はそうした条項に疑義《ぎぎ》を呈《てい》した。これも米国の会議録に残っている。

> ケーディス大佐は、聖職者に対して政治活動を禁止することは、聖職者に対して言論、出版の自由を否定することを意味しているとして反対した。
> （中略）
> 本条は、運営委員会により、簡略にされ、修正され、信教の自由を正面から保障し、かつ教会と国家との分離を規定するものとなった。（憲法草案準備に関する民政局会議録／『マッカーサーの日本国憲法』キョウコ・イノウエ著・監訳／桐原書店）

「宗教者の排除」こそ憲法違反

日本国憲法では、第一四条で「法の下の平等」が定められている。

すべて国民は、法の下に平等であって、人種、信条、性別、社会的身分又は門地により、政治的、経済的又は社会的関係において、差別されない。(第一四条)

信条(=信仰)を理由に政治的な差別があってはならないと明記されているのだ。さらに、第一九条では「思想および良心の自由」、第二一条では「集会・結社・表現の自由」、第二二条第一項で「職業選択の自由」も定められている。
また第四四条でも、「信条」によって議員や選挙人の資格が差別されないことが定められている。

両議院の議員及びその選挙人の資格は、法律でこれを定める。但《ただ》し、人種、信条、性別、社会的身分、門地、教育、財産又は収入によって差別してはならない。

（第四四条）

第九三条第二項では、地方公共団体の議会、長、議員は、その地方公共団体の住民が直接選挙するとも明記されている。

特定の信仰を持った人や、その人々が「信教の自由」の行使として構成する宗教団体だけが、政治に関してほかの国民と何らかの差別や制限を設けられるとすれば、これら日本国憲法の理念にすべて反してしまう。

もちろん、これまで公明党に敵対する政党や政治家から、意図的に「創価学会と公明党の関係は憲法違反ではないか」という疑念が何度も国会等で示された。だが、そのたびに政府は前述のように憲法制定以来の考え方を示し、「憲法違反にあたらない」ことを明確に答弁してきている。

なお、日本共産党は国民のさまざまな「自由」を制限したいのか、宗教団体が特定政党とその議員候補の支持を機関決定して、信者の政治活動と政党支持の自由を奪うことは正しくない。(「宗教についての日本共産党の見解・立場」日本共産党　宗教委員会)

その政党の誤《あやま》った態度まで宗教団体が支持するという二重に有害な結果をもたらす。(同)

という特殊な主張を展開している。

宗教団体が宗教的理念のうえから特定の政党や議員を支持することは、憲法に保障された国民の権利の行使である。機関決定することが構成員の政治活動と自由を奪うというなら、労組や経済団体、業界団体、医師会も同じだろう。

日本共産党も全労連や民商、全商連、民医連などから事実上の「特定政党支持」を受けている。それらは問題なくて、宗教団体の政党支援だけを「正しくない」「有害」と罵倒《ばとう》するのは、驚くべき独善と宗教蔑視《べっし》だ。

違憲でないことを知りながら有権者を惑《まど》わし、特定の教団に属する人々の信仰を侮辱《ぶじょく》し、その政治的権利を排除しようとするのは邪悪である。

それこそが「信教の自由」はじめ「法の下の平等」「結社・表現の自由」「職業選択の自由」など、先に挙げた日本国憲法の精神を踏みにじる行為になってしまう。

公明党を指して憲法違反うんぬんと語ることは、当人の〝悪意〟か〝無知〟を示す以外のなにものでもない。

「政治と宗教」危うい言説
――立憲主義とは何か

目につく「政教分離」への誤解

世界平和統一家庭連合（以下、旧統一教会）と政治家との関係に注目が集まったことで、あらためて政治と宗教についての議論が起きている。

一般論として、政治家が（相手が宗教団体であろうとなかろうと）反社会的な問題が指摘されている団体からの支援を望んだり、それらの行事に参加したりすることは慎重であるべきだし、市民感情としては容認できない。たとえ形式的な挨拶や祝電であったとしても、当該団体の正当化や権威付けに利用されかねないからだ。

一方、政治と宗教をめぐって飛び交《か》う言説のなかには、憲法や民主主義に対する基本的な理解を欠いた、かなり危ういものがいくつか見受けられる。

まず「政教分離」に対する初歩的な誤解だ。

日本国憲法は第二〇条で「信教の自由」と、これを担保するための「政教分離」を定めている。ところが「いかなる宗教団体も、国から特権を受け、又は政治上の権力を行使してはならない」という条文を、「宗教者の政治参加の禁止」の根拠に挙げる言説が、インフルエンサーと目《もく》されるような人のなかにもいまだに見られることには、いささか驚く。

伝統的な法学が言う「政教分離」とは「Separation of Church and State」（教会と国家の分離）である。「政」は「国家」であって、政治や政党と宗教の分離ではない。あくまで国家に対して宗教的中立性を求めているものであり、国民である宗教者が政党を結成すること、政治家になること、宗教団体が政治家や政党を支援することを禁じたものではないのだ。

なぜなら憲法は国家を縛るもの（第九九条）であり、「信教の自由」のほかに「思想および良心の自由」「集会・結社・表現の自由」「職業選択の自由」「信条によって議員や選挙人の資格が差別されないこと」などを定めているからだ。

二〇条が宗教者の政治参加を一切否定していないことは、憲法草案が作られたGHQ内部でも、草案を審議した帝国議会でも、繰《く》り返し議論され確認されている。日本国政府は（公明党が野党だった時代を含め）戦後一貫して、この憲法制定以来の立場を崩していない。

したがって〝宗教（宗教を持った国民）は政治に関わるな〟という主張は、日本国憲法を真っ向から否定する暴論になる。

「信教の自由」が意味するもの

ここで「宗教法人法」（一九五一年四月三日施行）がなぜ作られたかを確認したい。

憲法二〇条が「信教の自由」と「政教分離」を定めたのは、ひとつには戦前・戦中の日本が事実上の国教ともいえる国家神道《しんとう》を国民に強制し、その他の宗教団体を統制・弾圧して、戦争遂行《すいこう》への総動員体制を敷いた愚行を二度と繰り返させないためだ。

ＧＨＱが戦後真っ先に出したのは国家神道を廃止させる「神道指令」（一九四五年十二月十五日）だった。これこそ戦後民主主義の出発点であり眼目なのだ。

「信教の自由」には、宗教を信じる自由、宗教を信じない自由のほかに、信仰を告白しない自由、そして同信の者が宗教団体を結成し宗教を広める自由も含まれる。より多くの人々の救済や理想的な社会の実現を信条とする宗教にとって、信仰の輪を拡大し次世代に継承していくことは当然だからだ。

また宗教を広めることは、実際には少なくない場面で、他者を従来の信仰から改宗させることを意味する。したがって、信教の自由には他の宗教の教義に批判を加える自由も含まれる。

こうしたことが日本社会ではほとんど理解されていない。戦後、創価学会が「宗教は本人が信じていれば何でもいいというものではない。宗教の教義には高低浅深があり、それが本人と社会の幸不幸につながる」と主張して布教活動を始めると、日本社会は「排他的」「独善的」と猛烈に非難した。

だが、オウム真理教や旧統一教会の実態を知った今、たしかに宗教はその内実が大いに問われると多くの人が実感しているのではないだろうか。

開かれた議論のなかで互いの教義やあり方を批判し合い、切磋琢磨《せっさたくま》し成熟していくことこそ宗教本来の健全な姿であり、それは特異な教義を掲《かか》げるカルトに対する注意を喚起《かんき》するうえでも重要なのだ。

宗教法人は「認可」ではなく「認証」

人々が信仰をまっとうし、宗教の継承や発展を可能にするためには、宗教活動に必要な礼拝施設や財産を持ち、維持運用していくことが不可欠となる。別に大教団でなくても、集落の小さな神社を維持することをイメージすればわかりやすいだろう。

そこで、要件（教義を広める、儀式行事を行う、信者を教化《きょうけ》育成する、礼拝の施設を整える）を満たした宗教団体に法人格を与えることを目的としたのが宗教法人法だ。

第一条　この法律は、宗教団体が、礼拝の施設その他の財産を所有し、これを維持運用し、その他その目的達成のための業務及び事業を運営することに資するため、宗教団体に法律上の能力を与えることを目的とする。（「宗教法人法」）

この宗教法人法に関して、国が「認可」をすると誤解している人が多い。同法では、宗教団体側が前述した所定の要件を満たして申請すれば「認証」しなければならない。「許認可」ではないのだ。

宗教法人法には、宗教法人の公共性を維持しつつ、その一方で、信教の自由を妨げないよう、法人の自主性を極力尊重するという特徴があります。

そのため、認証においても、所轄庁《しょかつちょう》は、法の要件が備《そな》えられていると認めたときは、裁量の余地なく、認証しなければなりません。

ただし、認証は機械的に行われるものではなく、所轄庁は、審査に当たって事実の存否に理由ある疑いを持つときには、その疑いを解明するための調査を行います。（文化庁文化部宗務《しゅうむ》課「宗教法人制度の概要と宗務行政の現状」）

なぜ「許認可」ではなく「裁量の余地なく認証」なのかといえば、「信教の自由は、何人に対してもこれを保障する」という憲法の規定があり、国が人々の信教の自由に介入することを避けるためだ。

ある人々の信じる宗教の教義が適格かどうか、正しいか間違っているか等の判断を公権力が行ってはならない。これこそが「政教分離」なのである。

戦時下の日本では国民を総動員するために国家神道が特権的な扱いを受ける一方で、政府の意向で宗派の統一や解散を命じられ、国策に背《そむ》き神社への拝礼《はいれい》や神札の奉掲《ほうけい》を拒む教団は不敬罪とされ弾圧された。

「立憲主義」を毀損してはならない

なお、宗教法人が〝非課税〟だという話がよく聞かれるが正確ではない。日本には「公益法人」と呼ばれるものがある。不特定多数の人に対し、国がカバーしきれない公共サービスや公益的活動を担う事業団体で、学校法人・社会福祉法人・宗教法人・医療法人・更生保護法人・特定非営利活動法人などが含まれる。たとえば学校法人会計基準において、授業料、入学金、付随事業収入などは、教育活動として位置付けられている。宗教法人にあっても、お布施や賽銭《さいせん》、寄付などは、人々の信仰と深く結びついた行為であり宗教活動になる。

法人税はあくまで収益事業から生じた利益に対して課税されるものなので、学校法人や宗教法人でも駐車場経営など収益事業の利益は課税対象になる。一方で学校法人が得る授業料や、宗教法人が得るお布施などの収入は公益性が高いので、課税対象にしないという話である。

憲法二〇条が「信教の自由」を謳《うた》っていても、宗教法人法がなければ人々の「信教の自由」を実質的に担保することはできない。宗教法人法は「信教の自由」と「政教分離」を担保するための法律なのだ。

だから、国に宗教の教義の是非を判断させたり、宗教法人にするかどうかの自由な裁量を委《ゆだ》ねたりすることは、同法の精神とは真逆のことであり、基本的人権の精神的自由権を毀損《きそん》することになってしまう。

それこそ「安倍元首相の国葬は精神の自由を侵害し立憲主義に反するものだ」と非難してきたような人の一部が、他方で憲法の定める「政教分離」を正しく理解しようとせず、宗教者の政治参加に異を唱え、戦前に逆戻りするかのような公権力による宗教への管理統制の強化を求める声さえ発しているのは、じつに不可解なことだと思う。日本社会における宗教への無知を、あらためて痛感させられる。

もちろん、過去には宗教を偽装した悪徳商法と見なされた「法の華三法行」「明覚寺グループ」などの例もある。個人の人生を破壊するような教団のあり方には、これを機に社会として何らかの手立てを講じる必要がある。

しかし、カルト対策の名のもとに日本国憲法の根幹のひとつを破壊するようなことになっては、「湯あみの湯と一緒に赤子まで流す」愚行になってしまう。

　論理の一貫性を欠いた憎悪の熱のような空気のなかで、かえって反社会的教団への妥当な対処がためらわれることも、逆にそのような空気に便乗して国家が宗教団体に介入することも、どちらも社会に深刻な禍根《かこん》を残すと考える。

「革命政党」共産党の憂鬱《ゆううつ》
——止まらぬ退潮と内部からの批判

『赤旗』の発行自体が危機的事態

二〇二三年六月二十六日の『しんぶん赤旗』が、ちょっとした波紋を呼んだ。一面の全幅《ぜんぷく》を使って掲《かか》げられたヨコ見出しにデカデカと、〈革命政党として統一と団結固める〉との文字が躍《おど》っていたからだ。

これは六月二十四日から二日間にわたって開催された日本共産党の「第8回中央委員会総会」(8中総)を報じた紙面だ。『赤旗』の一面に「革命政党」という文字が躍ったのは、いつ以来のことだろう。党員や支持者のなかからは、むしろ戸惑いや反発の声も聞こえた。

8中総では、退潮傾向に歯止《はど》めがかからない党勢への言及が相次《あいつ》いだ。二〇二三年の統一地方選で、日本共産党は計一三五議席を減らす大惨敗を喫《きっ》した。党員の減少と高齢化、機関紙『しんぶん赤旗』の部数減も著しい。

志位和夫委員長自身が、

討論では、党内に、「もう一つ元気が出ないという声がある」、「敗北主義的な傾向がある」ということが率直に出されました。（8中総「結語」）

この二回の国政選挙と統一地方選挙での後退、連続する激しい反共攻撃などに直面して「何となく元気が出ない」という気分が党内にあることは事実だと思います。（同）

と述べている。

党員の減少と機関紙の退潮は、今に始まったことではない。二〇二〇年の『しんぶん赤旗』は「読者拡大の現状は危機的」と題して、田中悠・機関紙活動局長の厳しい現状認識を記している。

読者拡大の現状は危機的であり、ずるずると推移するならば、文字通りの「発行できなくなる危機」にたちいたることを、率直にお伝えしなければなりません。

(『しんぶん赤旗』二〇二〇年二月十六日)

二〇二三年五月三十日、田中局長は再び、「いよいよ『赤旗』の発行自体が危機的事態に直面するギリギリの状況です」と窮状《きゅうじょう》を訴えた。

すべては「支配勢力からの攻撃」という理屈

日本共産党が「統一戦線」戦略として推《お》し進めてきた野党共闘は、旧民主党を分裂させ、二〇二一年には立憲民主党の執行部総退陣を招き、日本共産党そのものも退潮させている。

それでも志位委員長は、なんと二〇〇〇年十一月から二二年以上も党首の座に君臨したままだ。

こうした実態に共産党の内部からも批判の声が上がり、二三年一月には現役のベテラン党員が相次いで執行部の刷新《さっしん》と党首公選を求める書籍を出版した。するど、党はこれらの人物を除名。さすがに左派系文化人や朝日新聞、毎日新聞などからも批判が出たが、共産党は〝大軍拡反対への連帯の分断〟だとしステリックに反発した。

さらに〝粛清《しゅくせい》〟は止まらず、六月に入っても兵庫県南あわじ市議の蛭子《えびす》智彦氏が、これら除名者に同調するSNS投稿をしたとして、罷免《ひめん》・除籍処分となっている。

今回の8中総でも、志位氏は自身に向けられている批判について、次のように述べた。

結局、批判の中身は、「選挙で後退した」「党勢が後退した」というもので、私個人が政治的に重大な誤《あやま》りを犯したとか、品性の上で重大な問題点があるという批判ではありません。つまりこの攻撃の本質は、日本共産党そのものに対する攻撃ではないでしょうか。（党サイト「志位委員長の幹部会報告」）

「長すぎるのが問題」という批判は、二〇二〇年の第二八回党大会にむけた討論ではまったく出なかった批判であり、二一年総選挙いらいの反共攻撃のなかで支配勢力から意図的に持ち込まれた議論だということを指摘しておきたいと思います。（同）

党勢は退潮しているけれど、それは委員長の「政治的に重大な誤り」ではないので、委員長への批判は「日本共産党そのものに対する攻撃」になるらしい。古参のベテラン党員らから相次いで諫《いさ》められたことも、「支配勢力から意図的に持ち込まれた議論」だと言うのだ。

「暴力革命の方針に変更なし」

もはや鉄の規律と党執行部のメンツを守ることが目的化して、世のなかに自分たちがどう映っているかなどお構いなしなのだろうか。そう考えると、8中総の閉会を告げる『赤旗』が〈革命政党として統一と団結固める〉と大見出しを打ったことは象徴的である。

ところで、この日本共産党が掲げる「革命」について、公安調査庁は一九五二年の創設以来、民主党政権時代も含めて強い警戒を緩めていない。

公安調査庁のサイトには、

共産党は、第五回全国協議会（昭和二六年〈一九五一年〉）で採択した「五一年綱領」と「われわれは武装の準備と行動を開始しなければならない」とする「軍事方針」に基づいて武装闘争の戦術を採用し、各地で殺人事件や騒擾《そうじょう》（騒乱）事件などを引き起こしました。

国内情勢 3 共産党

岸田政権との対決姿勢を強調するも、参院選で後退した共産党

国会審議を通じて政府の経済政策や防衛政策などを批判

共産党は、党創設100周年を迎える中、参院選（7月）での「勝利と躍進」を最重要課題と位置付け、国会論戦で岸田政権との対決姿勢を強調して、党の存在感のアピールに努めた。

経済政策では、特に物価高騰の問題に焦点を当て、「アベノミクスの異次元の金融緩和が、異常な円安と物価高騰を招いた」などとして岸田総理の責任を追及した（5月）。また、政府の令和4年度第1次補正予算案について、「物価対策はガソリンなどごく一部に限られている」として、「物価高騰から生活を守る上で、余りに不十分」などと批判し、撤回を求めた。

防衛政策では、いわゆる「反撃能力」について、「戦争する自衛隊に変えようとするものにほかならない」などと批判した（3月）。また、5月に発出された日米首脳共同声明において、岸田総理が防衛費の増額を表明したことなどに対しては、「軍事対軍事の悪循環」、「軍拡競争による暮らし破壊」との批判を繰り返した。

このほか、故安倍晋三国葬儀や、世界平和統一家庭連合（旧統一教会）と岸田政権の閣僚との関係などについて追及を続けた。

参院選では得票数・率共に減少させて２議席後退

共産党は、7月の参院選において、比例代表で改選5議席の絶対確保、東京選挙区で現有議席の維持を目指し、防衛費の増額反対や消費税率5%への減税、最低賃金の1,500円への引上げなどの公約を掲げ、政治宣伝や支持者拡大活動を展開した。しかし、東京選挙区で議席を獲得したものの、比例代表では前回参院選（令和元年（2019年）7月）に比べて得票数・率共に減少させ、議席が改選前の5から3に後退した。

参院選における後退について、共産党が8月に開催した第6回中央委員会総会（6中総）において、志位和夫委員長は、「責任を深く痛感しています」と述べる一方、選挙時の情勢について、野党共闘への攻撃とロシアによるウクライナ侵略を契機とした共産党攻撃という「二重の大逆流」があったと主張した。

また、議席が後退した根本には、党員数及び「しんぶん赤旗」読者数の減少という問題があると総括した。

統一地方選に向けて党勢拡大の取組強化を督励

また、共産党は、6中総において、令和5年（2023年）の統一地方選を次の総選挙、参院選につながる重要な政治戦と位置付け、現有議席の絶対確保を目指す方針を決定した。その上で、現在の党勢拡大の遅れを抜本的に打開するとして、12月までを期間とする「党創立100周年記念、統一地方選挙勝利・党勢拡大特別期間」を設定し、毎月1,000人以上の新入党者を獲得し、「しんぶん赤旗」読者数を第28回党大会（令和2年（2020年）1月）時まで回復させる取組を全党に呼び掛けた。

その後、9月に開催した「党創立100周年記念講演会」において、志位委員長は、「強く大きな党を建設することが、党躍進の最大の力となる」などと、党建設の重要性を改めて訴えた。

これを受け、共産党は、志位委員長による記念講演を視聴する「集い」を各地で開催して「しんぶん赤旗」読者や支持者に入党を呼び掛けたり、街頭宣伝で「しんぶん赤旗」の見本紙を配布して購読を呼び掛けたりするなど、党勢拡大に取り組んだ。

COLUMN **コロナ禍に乗じて若年層の取り込みを図る民青・共産党**

日本民主青年同盟（民青）は、「共産党を相談相手に、援助を受けて活動する」青年組織で、大正12年（1923年）4月に日本共産青年同盟（共青）として誕生し、令和5年（2023年）で創立100年を迎える。

民青は、令和2年（2020年）5月以降、コロナ禍で困窮する学生向けに食料や日用品を配布する「食料支援活動」（これまでの利用者は47都道府県で延べ13万人以上と発表）を通じ、多くの学生と接点をつくり、対話や勧誘を進めた結果、同盟員が増加し、第45回全国大会（令和3年（2021年）12月11、12日）では、「2002年以来の大会間現勢前進」と報告した。

こうした中、共産党は、令和4年（2022年）においても、民青の「食料支援活動」に関し、会場で実施された生活相談会に党の議員らを相談員として参加させるなどの援助を行ったほか、党内において、「民青同盟員の拡大を援助」することや「民青拡大のさらなる飛躍をはかることと同時に、青年・学生党員を迎え、党支部をつくっていくことに力を注ぐこと」を呼び掛けた。その上で、8月の6中総では、令和4年（2022年）の民青同盟員の拡大について、令和3年（2021年）を上回る速度で進んでいる旨報告した。

公安調査庁では、毎年、国内外の情勢についてまとめて、「内外情勢の回顧と展望」として公表している。令和５年版では、２ページにわたって日本共産党の調査結果がまとめられている。

（「内外情勢の回顧と展望」より）

その後、共産党は、武装闘争を唯一とする戦術を自己批判しましたが、革命の形態が平和的になるか非平和的になるかは敵の出方によるとする「いわゆる敵の出方論」を採用し、暴力革命の可能性を否定することなく、現在に至っています。

こうしたことに鑑《かんが》み、当庁は、共産党を破壊活動防止法に基づく調査対象団体としています。

（公安調査庁「共産党が破防法に基づく調査対象団体であるとする当庁見解」）

と記されている。

「将来は憲法の進歩的改正」と主張

現在も日本共産党の実質的な最高指導者である不破《ふわ》哲三氏は、一九六八年に著した論文で当時の日本社会党の平和革命路線を批判し、

「平和革命」の道を唯一のものとして絶対化する「平和革命必然論」は、（中略）日和見《ひよりみ》主義的「楽観主義」の議論であり、解放闘争の方法を誤らせる（『現代政治と科学的社会主義』新日本出版社）

と述べている。日本共産党はこれら複数の重要論文をいまだ公式に否定していない。だからこそ公安調査庁も警察庁も「暴力革命の方針に変更なし」と警戒を続けるのだ。二〇二三年六月、野党の参議院議員が今でもこの見解に変更がないか質問主意書を提出。政府は以下の「答弁書」を閣議決定した。

日本共産党は、日本国内において破壊活動防止法（昭和二七年法律第二四〇号）第四条第一項に規定する暴力主義的破壊活動を行った疑いがあり、また、同党のいわゆる「敵の出方論」に立った暴力革命の方針に変更はないものと認識しており、現在でもこの認識に変わりはない。（「政府答弁書」令和五年六月二十七日）

なお、一九七五年に日本共産党出版局が発刊した『日本共産党と憲法問題——公明党への回答と質問』では、共産党の綱領を実現するために改憲が必要だと主張している。

> たとえば、現憲法の天皇条項をそのままにしては完全な民主主義を実現できず、社会主義を実現できないと考えている。だからわが党は、〝主体的意志〟として、将来の展望のなかに憲法の進歩的改正を含めている。(『日本共産党と憲法問題——公明党への回答と質問』)

自衛隊を「違憲の存在」としながら、もし日本の主権が他国に侵されれば「自衛隊を活用する」と言い、日本国憲法とはまったく相いれない「社会主義・共産主義の社会」の実現を綱領に掲げ「憲法の進歩的改正」を主張しながら、「護憲政党」だと言い募《つの》る政党。

「社会主義・共産主義もふくめて、選挙での国民多数の判断をふまえて、改革の階段をあがる」という日本共産党の理屈は、議会の多数を占めて憲法改正への国民投票の発議をしようと言うタカ派の改憲勢力の主張と何が違うのだろう。

今や野党のなかでも孤立する「革命政党」は、どこへ向かうのであろうか。

「非核三原則」と公明党
――「核共有」議論を牽制《けんせい》

現役世代は過半数が自公候補に投票

二〇二二年十月二十三日に投開票が行われた那覇市長選挙で、自民・公明が推薦する知念覚《ちねんさとる》氏が当選した。城間《しろま》幹子・元市長の任期満了に伴う選挙。玉城《たまき》デニー知事ら「オール沖縄」勢力が支援した翁長雄治《おながたけはる》氏は約一万票差で敗れた。

復帰五〇年の「選挙イヤー」は七つの市長選全てでオール沖縄が敗れる結果となった。オール沖縄にとって県都を落とした影響は計り知れない。(「沖縄タイム

スプラス」二〇二二年十月二十四日）

「オール沖縄」勢力は、二二年七月の参院選と九月の知事選には勝ったものの、名護市、南城市、石垣市、沖縄市、宜野湾《ぎのわん》市、豊見城《とみぐすく》市、那覇市と、同年に行われた市長選でことごとく敗北した。

この勝敗の構図は、県民が基地問題の解消を願いつつも、暮らしの向上を最重視していることを示している。『沖縄タイムス』が那覇市民に実施したアンケートでも、市民が一番重視したのは「経済振興」で三四％。「基地問題」は一七％にとどまった。

「経済重視」の民意は新型コロナウイルス禍で加速した。二二年の選挙では、基地問題を軸に国との関係を問う参院選と知事選でオール沖縄が連勝した一方、足元の暮らしへの関心が高い首長選は七つの市長選の全てで自民、公明両党が推《お》す候補に軍配が上がった。（『日本経済新聞』二〇二二年十月二十四日付）

沖縄県と国が対峙《たいじ》する国政選挙や知事選挙では「辺野古《へのこ》移設」が最大の関心事になったが、より暮らしに直結する市長選挙では、有権者は経済政策の能力を優先したのだ。

このことは、NHKが集計した年代別の投票行動にもあらわれている。一〇代から五〇代までの現役世代では、すべての年代別で知念氏が過半数を獲得。とくに三〇代では約七〇％が知念氏に投票した。

これは二〇二一年の衆議院選挙で全国的に見られた傾向と同じ。現役世代は過半数が与党を支持し、六〇代以上になると立憲民主党と日本共産党への支持が過半数を占める。

仕事や子育てに直面する世代は経済や教育、社会保障政策を重視して自民・公明を支持。高齢世代になるほどイデオロギー的な政策を重視して立民・共産を支持する傾向がハッキリしている。

すっかり変質した「オール沖縄」

今回の那覇市長選は、「オール沖縄」の内実を厳しく問う結果にもなった。

そもそも「オール沖縄」とは、辺野古移設新基地などをめぐって那覇市長（当時）だった翁長雄志《たけし》氏が二〇一二年頃から提唱したもの。自民党県議から那覇市長になった保守政治家の翁長氏は、基地問題に対して〝保革を超えた沖縄〟を掲《かか》げて二〇一四年には県知事となった。

しかし、その〝保革を超えた〟はずの「オール沖縄」が、実際には日本共産党など革新勢力に牛耳《ぎゅうじ》られていく。沖縄経済界の中心者として翁長氏の「オール沖縄」を支えた平良《たいら》朝敬《ちょうけい》氏（かりゆしグループ会長）は、その実態に絶望して二〇一八年に「オール沖縄」から離れた。

共産党が主導権を握る革新陣営は沖縄の発展や県民の暮らしなどは考えず、基地問題だけに固執しています。（『第三文明』二〇二二年九月号）

知念氏の勝因について地元紙『沖縄タイムス』は、

> 翁長雄志県政で副知事として「オール沖縄」側に身を置いた浦崎唯昭《うらさきいしょう》、安慶田《あげだ》光男両氏、城間市政で副市長を務めた久高将光《くだかまさみつ》氏らの支援を取り付けたことも大きかった。経済界も一枚岩となり、かつて自公と対立した金秀《かねひで》グループの呉《ご》屋守将《やもりまさ》会長、かりゆしグループの平良朝敬会長も支援に回った。さらには市議会で是々非々だった中立市議らも水面下で知念氏を応援した。
>
> 革新地盤とされる首里地域でも、首里出身の知念氏の同級生らが積極支援する動きが見られた。(「沖縄タイムスプラス」二〇二二年十月二十四日)

と報じている。

要するに、これまで「オール沖縄」の側にいた翁長県政時代の副知事らも、翁長氏の後継市長である城間市長も、その副市長も、かつては自公と対立していた沖縄経済界も、那覇市議会の中立勢力も、那覇市内で革新地盤とされた地域も、すべてが「オール沖縄」から離反した結果なのだ。

故・翁長知事の掲げた理想とは正反対に、日本共産党に引きずられてイデオロギー色を強め、〝国との対決〟だけに県民を動員しようとする「オール沖縄」。今回の那覇市長選は、その「オール沖縄」の変質と瓦解《がかい》を象徴するものになった。

再選された玉城デニー知事だが、県下一一市のうち一〇市まで「オール沖縄」が敗北したことで、その足元は大きく揺らいでいる。

〝炎上〟した立憲民主党の暴論

沖縄市長選挙のあった二〇二二年四月二十四日、フジテレビの報道番組に出演した立憲民主党の小川淳也《じゅんや》政調会長（当時）の発言がネット上で〝炎上〟した。

ロシアによるウクライナ侵攻をめぐって、小川氏は次のように語ったのだ。

プーチンを私、許すつもりはないし言語道断だと思ってます。しかしね、アメリカがこのミサイル防衛制限条約を一方的に撤廃したブッシュ政権の歴史。そして中距離核戦略を全廃したトランプ政権の歴史。そしてNATOの国境線がどんどんどんどん旧ソ連国境にまで及んできた歴史。そしてジョージアとウクライナにNATOに入れと言ったのは当時国防産業とかかわりが深かったチェイニーですからね。ブッシュ政権下の。（中略）

そしてゼレンスキー政権も相当対ロシアに対しては強硬的な態度とってきましたからね。そういうことを議論しなくちゃいけない。（二〇二二年四月二十四日放送「日曜報道THE PRIME」）

今般のロシアによるウクライナ侵攻については、国連の国際司法裁判所がロシアの主張を退け軍事作戦の即時停止を命令。ロシアによる武力行使は国際法上きわめて深刻な問題を起こしており、深く懸念していると発表した。

軍事侵攻が国連常任理事国による一方的な領土の侵略であることは明らかで、

二〇二二年三月二日（現地時間）に四〇年ぶりに開かれた国連総会の緊急特別会合でも、ロシアを非難し即時撤退を求める決議案が一四一カ国の賛成で可決されたばかりだった。

どのような理由があっても他国の領土に軍事侵攻することなど許されることではない。この時点ですでにいくつもの都市が地上から消滅し、数千人の非戦闘員が殺害されている。その出来事に対し、小川氏の主張は〝そもそも被害者側にも責任がある〟というのも同然だった。

党の政策立案を行う政務調査会長が、これほど筋の悪い話を生放送の番組でしたことに支持者からも苦情が殺到したのだろう。同じ立憲民主党の原口一博《かずひろ》議員は翌朝、

「テレビ討論で押されっぱなしの立憲民主党幹部が情けなく腹立たしいです。負ける人をテレビに出さないでください。」とのメッセージが増えてきました。

懸命に支持を広げてくださっている方々であればあるほど悔しい思いをされて

いると。（四月二十五日午前五時の原口一博議員のツイート）

とツイートしている。

外交・安全保障についてもお粗末なうえ、あいかわらず仲間内で足を引っ張り合う。この政党に政権を担う能力がまったくないことを露呈させた〝炎上〟だった。

「非核三原則」を実現させた公明党

ウクライナ情勢を受けて、自民党内の一部や日本維新の会からは、米国の核兵器を同盟国で共有する「ニュークリア・シェアリング（核共有）」の議論を求める声が上がった。

公明党の山口那津男代表は二〇二二年四月二十六日の記者会見で、核軍縮や核不拡散を進めてきた日本が政策転換することは日本の外交姿勢の信頼性を損なうことになると述べた。

公明党の山口代表は記者会見で、アメリカの核兵器を同盟国で共有する「核共有」について「岸田政権は非核三原則を堅持する姿勢であり、公明党も同様だ。日本は核兵器のない世界を目指してリーダーシップを取るべきだ」と述べました。（「NHK　NEWSWEB」二〇二二年四月二十六日）

じつは日本の国是《こくぜ》である「非核三原則」の成立には、公明党が決定的な役割を果たしている。

この「非核三原則」という言葉が国会議事録にはじめて登場するのは、一九六七年十二月の衆議院本会議での公明党の代表質問なのだ。米国施政下にあった小笠原諸島の返還にあたり、公明党は「非核三原則」を明確にするよう政府を質《ただ》したのだった。

沖縄返還にあたっても最大の焦点となったのが、在沖米軍基地からの核兵器の撤去だった。「沖縄国会」と呼ばれた一九七一年十一月の衆議院特別委員会で、自民党は「非核三原則」を含まない返還協定を強行採決した。

社会党と共産党はこれに反発して本会議を欠席する戦術に出たが、そのままでは自民党案が単独過半数で成立してしまう。公明党は不備欠陥の多い協定案に反対の立場をとりつつ自民党との合意形成に努め、核兵器の撤去、再持ち込みの拒否、米軍基地縮小についての国会決議を提唱した。

その結果、自民党が大きく譲歩して返還協定の付帯決議に「非核三原則」を盛り込んだ決議となったのだ。ちなみに日本共産党はこの国会決議をボイコットしている。

今、ロシアによる核兵器の使用可能性さえ現実味を帯びて語られるなか、野党第一党の立憲民主党は支持者もあきれるほどの政策オンチ。自民党の一部や日本維新の会は「核共有」のタブーなき議論を主張する。

「非核三原則」という日本の国是を守り、国際社会の核廃絶への潮流を後戻りさせないためにも、公明党の存在がますます重要になっている。

「維新」の〝勢い〟がはらむリスクと脆《もろ》さ

「電車の本数を減らせ」と同じ

急速に勢力拡大を図る日本維新の会。全国紙の大阪本社に在籍するベテラン記者は、「今の維新はほんまに強いで。クロースアップ・マジックの名人なんや」と語った。クロースアップ・マジックとは、観客のすぐ目の前で見せる手品のことだ。たとえば維新の代名詞ともなっている「身を切る改革」。

維新は、「まず議員が身を切る改革を実践し覚悟を示す」として、議員定数の削減、議員報酬の削減を掲《かか》げる。馬場代表は最近、国会でも衆参を合併して一院制にして議員を半分にするとまで語っている。

ここで描かれている〝物語〟は、旧来の政治が政治家自身の既得権益を守っていて、庶民がムダな負担を強《し》いられているというものだ。「古い政治」に対して維新が「新しい民意」で挑むという図である。

少子高齢化で現役世代の社会保障費の負担が大きな課題になり、あるいはコスパやタイパがトレンドになるなか、まずは政治家や政党自身が〝わが身を切れ〟というメッセージは有権者の心情に響きやすい。

しかし、日本の国会議員の数は、そもそもが欧州諸国と比べてもかなり少ない。しかも議員定数削減や報酬カットで得られる財源は、国民一人あたり年間で数十円。定数や報酬を減らしたからといって、減税ができるような話ではない。

一方で維新は所得税や法人税の「フロー大減税」を掲げるが、法人税を一%下げるだけで四〇〇〇～五〇〇〇億円の財源が必要になるとされる。あるいは維新が掲げる消費税五%への減税では、一三兆円が足りなくなる。逆進性のため消費減税の恩恵をより多く受けるのは高所得者だ。維新が打ち出した月六～一〇万円のベーシックインカムには一〇〇兆円規模の財源が必要になる。

今でも多くの地方議会では議員報酬が安すぎて、議員のなり手が不足しているのだ。さらに議員定数の削減は、多数会派の影響力をますます強め、少数派の声を政治に届けにくくしてしまう。

通勤電車の運行本数を減らして、一編成にもっと大勢の乗客を詰め込めばコストカットになるじゃないかというような話だ。真っ先にこぼれ落ちるのは子どもや弱者である。

ここは有権者の賢明さが試されている。民主主義には一定のコストがかかることを理解しないと、これからの社会全体が脆弱《ぜいじゃく》になってしまう。

維新支持層は「中道リベラル」を自認する

維新を「極右《きょくう》の保守」などと雑にラベリングすると、その実像を見誤《あやま》るだろう。

維新は片方で「核共有」「防衛費二%への増額」「核拡大抑止」を語りながら、もう片方で「同性婚賛成」「選択的夫婦別姓」を打ち出す政党なのだ。

安全保障ではたしかに自民党以上に〝右〟に陣取り、人々のナショナリズムに訴えかける。維新が幸福実現党と並んで最右翼にいることは間違いない。

それなのに、維新支持層の大半は自身を「中道リベラル」と認識し、維新のこともその価値観を体現した政党だと見なしている。たとえば同性婚に賛成する割合は、立憲支持層より維新支持層のほうが高い。

維新が描き出す自己像は、あくまで「古い政治」を改革する「新しい民意」だ。そして「保守」「リベラル」の意味あいについては、昭和と令和で断絶がある。とくに維新を強く支持する五〇代以下の世代から見れば、維新は「古い政治」の打破を訴えかける点で「リベラル」と映るのだ。

維新という政党は、〝人々からどう見えているか〟の理解と対処に独特のセンスを持っている。逆に言うと、他の政党はおしなべてこの点が弱い。与野党問わず支持組織を持っている政党ほど、身内の反応だけ見てしまうエコチェンバー現象に陥《おちい》って、一般有権者にどう映っているかを見落としがちだ。

綱領に「中道」を掲げてきた公明党

ところで、今の維新がうまくはまっている「中道リベラル」は、本当に政党の空白域だったのか。

じつは、何十年も前からそこに位置してきたのが公明党なのだ。このことは政治学では半ば常識だろうし、各種の政党マトリックス（縦横特性配置図）でも一貫して変わっていない。すべての政党のなかで、党の綱領に「中道」を掲げてきたのも公明党だけだ。

公明党が「中道リベラル」だからこそ日本の政権にあって、「自民党にとっても、公明党との連立は中道寄りにウィングを広げる契機となっている」（中北浩爾《こうじ》『自公政権とは何か』ちくま新書）という変化が生まれてきた。

ここでも求められるのは有権者側のリテラシーである。中道リベラルな政治を求めるなら、公明党という選択肢を無用な色眼鏡《いろめがね》で排除したりせず、もっと与党内での発言力を与え、とことん注文を付けて使い倒せばいいのだ。

公明党の側も〝人々からどう見えているか〟にもう少し意識を払うべきだろう。さすがに右派政党とは思われていなくても、公明党は保守的な政党だと見なされている。連立与党として、積極的に保守層に支持を広げようとしている面もある。

しかし、「保守」「リベラル」の概念が五〇代を境に変質している点を忘れてはならない。現役世代はナショナリズムに親和性も持ちながら、社会政策的には中道リベラルを志向している。

とくにフワッとした維新の支持層が重視する「同性婚」などリベラルな政治イシューについて、公明党は態度を明確にして積極的にハッキリと発信する必要があると思う。

不祥事があまりにも多い

維新の内在的な強さの源泉は、維新政治塾で一般に広く間口を広げたリクルートと、徹底した上意下達《じょういかたつ》、自民党仕込みのドブ板選挙にある。「古い政治」に挑む自

日本維新の会の公式ホームページより

己像を演出しながら、じつは維新そのものが古い体質に支えられているのだ。

それは体育会的な男性原理と男性優位主義が強く働くマッチョイズムでもある。この維新の強さの源泉が、同時に維新の最大の弱点にもなっている。

維新の弱点は、やはり候補者や議員の資質というところに尽きるだろう。「古い政治」と闘うと言いながら、維新には長年「ハラスメント」「政治とカネ」のスキャンダルが絶えない。というより、こうした不祥事がともかく群を抜いて多い。

維新の女性候補者について男性議員が「顔で選んでくれれば一番」などと語るルッキズムも、頻発《ひんぱつ》するセクハラ・パワハラも、マッチョイズムの産物だろう。

維新政治塾の塾生募集ページには、「こんな方におすすめ」として〈議員・政治家になりたい方、政治を学びたい方、維新の政策を学びたい方〉〈将来的なキャリアとして政治家の道を考えている方〉といった言葉が並ぶ。

自民党や公明党なら地元組織が慎重に選ぶが、維新はチェック機能が甘く、野心はあっても公人としての資質を欠いた有象無象《うぞうむぞう》の粗製乱造《そせいらんぞう》を免《まぬか》れない。こうした党が、次の衆議院選では二八九すべての選挙区に候補を擁立したいと言っているのである。

かつての民主党とソックリ

ところが、今のところ相次《あいつ》ぐ議員の不祥事が維新の支持率にはまったく影響していない。維新の大阪府議団代表がセクハラ・パワハラで除名になった翌日でさえ、維新は堺市長選挙で圧勝した。

ノンフィクションライターの松本創《はじむ》氏は、相手候補者のこんな言葉を紹介している。

野球にたとえるなら、大阪では阪神タイガースのファンが圧倒的に多いでしょう。チームに成績の悪い選手がいても、あるいは何か不祥事を起こす選手が出ても、その選手を交代させるかクビにすればよいだけで、阪神への支持はまったく揺るがない。それと同じように、維新は強固なブランド力を確立している（『中央公論』二〇二三年八月号）

じつは、これと同じ光景がかつてあった。本書の冒頭でも触れた二〇〇〇年代前半の民主党である。

民主党の勢いは止まらず、二〇〇九年には史上最高の三〇八議席を獲得して政権の座を獲得した。だが、その後のありさまは今さら語るまでもない。

候補者の資質や能力を見ようとせず、政党のブランドに期待を託した有権者が、どのように裏切られたかは明白だ。

今の維新も向かうところ敵なしの勢いと強さを手に入れた。その強さが同時に最大のリスクをはらんでいるように見える。選挙は政党同士、候補者同士の勝負でもあるが、審判を受けるのはじつは有権者自身でもあるのだ。

維新、止まらない「不祥事体質」

「党勢拡大ばかりを目指している」

二〇二三年七月十二日、川崎市議会の会派「日本維新の会」に属する二人の市議が、日本維新の会に離党届を出した。

四月の川崎市議選で、日本維新の会は改選前の一議席から七議席へと大きく躍進した。ところが、わずか三カ月での分裂である。原因は、補正予算案の採決をめぐり会派として「反対」を決めていたのに、採決で五人が造反《ぞうはん》したからだという。

離党した二人の市議は、「有権者をがっかりさせて申し訳ないが、議会人としてあり得ない」「党勢拡大ばかりを目指し、新人教育を現場任せにする党のやり方に疑問を感じる」（『読売新聞』二〇二三年七月十五日付）と語っている。

四月の統一地方選では、近畿だけでなく都市部を中心に全国的に議席を伸ばした日本維新の会。衆議院補選では和歌山の小選挙区で初となる議席も獲得した。

ところが、この〝快進撃〟と同時に各地で噴き出しているのが、同党議員による不祥事なのである。

五月十七日――

名古屋簡易裁判所は四月の愛知県議選に日本維新の会公認で出馬して落選した田《た》畑《ばた》和紀《かずのり》容疑者に、罰金五〇万円の略式命令を出した。田畑元維新候補は運動員に報酬を払った買収で逮捕されていた。

五月二十六日――

日本維新の会は梅村みずほ参議院議員を法務委員会から外したうえ、党員資格停止六カ月の処分とした。

おととし、名古屋出入国在留管理局の施設でスリランカ人のウィシュマ・サンダマリさんが収容中に体調不良を訴えて死亡した問題で、日本維新の会の梅村みずほ参議院議員は、法務委員会で「ハンガーストライキかもしれない」などと繰《く》り返し発言し、遺族や与野党から批判が出ていました。（「NHK NEWSWEB」二〇二三年五月二十六日）

梅村氏の暴言に対しては遺族から発言撤回《てっかい》の要求が出ていたが、梅村氏は法務委員会でも「憶測でもデマでもない」と主張。自身の発言を正当化して、議場内から非難を浴びていた。

府議団代表はパワハラ・セクハラ・ストーカー

五月十七日——

維新の牙城である大阪で、「大阪維新の会」府議団代表の笹川理《おさむ》府議が後輩女性議員に対し、八年前にパワハラやストーカー行為を繰り返していたことが『週刊文春』で報じられた。

しかも八年前に被害女性から相談を受けながら、当時の松井一郎代表は笹川氏への注意で済ませていたのだ。今回も、週刊誌報道が出てなお、吉村洋文《ひろふみ》代表（大阪府知事）は口頭厳重注意で済ませ、笹川氏に府議団代表のポストを続投させている。

だが翌週になって、笹川氏が当該《とうがい》女性議員に性的行為を要求していたことが報道され、笹川氏はおおむね事実関係を認めた。

五月二十五日――

すでに政界を引退している松井前代表が会見を開き、八年前の笹川氏への対応が甘かったことを認め、把握《はあく》していたらと問われ「除名やね」と答えた。

すると、吉村知事は二十九日になって「除名処分が相当。議員辞職を求める」と対応を変更。維新の会は六月三日に同氏を除名処分にした。

同じ六月三日――

「大阪維新の会」の橋本和昌《かずまさ》府議も党から離党勧告を受け、五日に離党届を出した。

二〇二一年と二二年、自身が代表を務める二つの政治団体の収支報告書を期限内に提出しなかったことが理由だ。橋本議員は二〇一八年にも四年連続で後援会の収支報告書を提出していないことが発覚し、一時離党している。

さらに同じ六月三日――

福岡県飯塚市でも、やはり四月に初当選したばかりの藤間《ふじま》隆太市議が厳重注意処分を受けた。

市議会の委員会で女性議員を名指しし「セーラー服を着てしゃべれば（動画再生回数が）3千、5千回いくんじゃないか」と発言した（『産経新聞』二〇二三年六月二十日付）

藤間議員は六月の市議会定例会の議場で謝罪に追い込まれている。

六月六日――

維新の京都府議二人と京都市議一人が、いずれも期限内に政治資金収支報告書を府選挙管理委員会へ提出していなかったことが発覚して党員資格停止処分となった。

六月八日——

隣の滋賀県大津市の維新市議が市議会の初日を欠席。「議員としての自覚が足りなかった」と陳謝し、党は戒告処分とした。

「議会に対して虚偽の説明」

七月に入っても不祥事は続く。

維新が知事と市長を務める大阪府と大阪市が二〇二九年の開業を目指しているIR事業では、用地をめぐる不動産鑑定で疑惑が浮上していた。

土地の鑑定を依頼していた四社のうち、三社の出した地価、賃料、さらに利回りは小数点以下まで、それぞれピッタリ一致していたのだ。

ありえない一致に昨年来、疑惑を追及する声が上がっていた。だが情報開示請求を受けた二〇二二年十一月、大阪市は業者とやり取りしたメールのデータを削除。保存期間を過ぎたので残っていないなどと説明していた。

ところが七月三日になって大阪市港湾局は会見を開き、削除されたはずのメール一九八通が外付けハードディスクの中から見つかったと発表した。

七月十四日、大阪市はメールの内容を公表。これまでの説明とは異なり、大阪市港湾局から「ＩＲを考慮外」とする条件を提示していたことが判明した。

自民党の前田和彦市議は、

議会に対して虚偽の説明をしていた。一二〇〇ページにわたる情報が開示された。この資料があったならば、議会でより踏み込んだ質疑が可能であったということを思うと、悔しさと憤りしかない（「ＴＢＳ　ＮＥＷＳ　ＤＩＧ」七月十六日）

と維新の市政を強く批判している。

「反社みたいな人間なので」

不祥事は止まらない。

七月六日――

同日発売の『週刊文春』が、リノベーション関連企業を経営する森健人《けんと》・西宮市議について、複数の下請け業者から工事費の未払いを訴える声が相次《あいつ》いでいると報じた。

森氏は四月二十三日の統一地方選で初当選したばかりの日本維新の会市議だ。

七月十三日――

『週刊文春』は続報として、この森氏が宅地建物取引業免許を所有していないにもかかわらず、会社のホームページに別会社の宅建業免許番号を掲載しており、宅建業法違反の疑いがあると報道した。

本人も事実を認め、SNSで「サイトでは何故か、消したはずの大阪の番号が残ってる次第です」と釈明している。

七月二十日発売の号では、森氏が被害を告発した業者らを脅したともとれるLINEの内容を報じた。

七月十三日発売号の電子版が出た十二日、森氏は業者らに対し、自分の父親が「反社（反社会勢力）みたいな人間」であり、自分の周りの人間たちが業者を「連れ去ると言っている」「この人が行くかもしれません」「ややこしいおっちゃんです」などと脅迫めいたLINEを送っていたというのだ。

まだまだ続く。

七月十四日――

埼玉県選挙管理委員会は、四月に初当選した日本維新の会の中村美香県議の当選を無効にすると決定した。地方選挙の選挙権と被選挙権の要件である「三カ月以上の居住実態」を満たしていなかったことが判明したからだ。

中村氏は一月二十日に公認候補として発表され、二月一日に選挙区である草加市に転居している。そのことを街頭演説で本人が語っていたようで、県議に立候補する本人も周囲の維新スタッフも、「三カ月以上の居住実態」という立候補要件さえ知らなかった可能性があるという。

下着姿の写真をネット販売

七月十八日──

日本維新の会は、埼玉・上尾市議の佐藤恵理子氏を、次期選挙では非公認とすると発表した。

驚くことに、理由は下着姿の写真などをネット販売していたことだ。日本維新の会埼玉県総支部は、「入党時の各種申請書に記載がない公務外の業務に従事《じゅうじ》しており、入党後も当総支部への報告を行うことのないまま継続していることが判明したため」と説明している。

佐藤議員は事実関係を認め、自身のツイッター（現X）で、

先に謝罪しておきます。自分の個人の活動にて露出高めの写真を販売したり、

グラビアを出したり一昨年くらいにも露出高めな格好で格闘技に出演したり水着やドレスを着て配信等を行なっておりました。

露出については様々なご意見があり今後は慎むべきなのかもしれません。（「佐藤議員のツイート」二〇二三年七月十六日）

と弁明した。


七月十九日――

大阪高等裁判所は日本維新の会の前川清成《きよしげ》衆議院議員に対し、公職選挙法違反で有罪とする判決を下した。

奈良一区から立候補し、比例代表で復活当選した前回の衆議院選挙で、公示前に投票を呼びかける文書を不特定多数の有権者に送ったというものだ。

判決が確定すれば、前川氏は五年間、公民権が停止される。

日本維新の会奈良県総支部の代表を務めるのは、奈良県の山下真《まこと》知事である。山下知事は「判決を厳粛《げんしゅく》に受け止めている。県総支部としての対応は本人と協議して決定する」（「ＮＨＫ　ＮＥＷＳＷＥＢ」二〇二三年七月十九日）とコメントした。
判決が確定すれば議員を失職するわけだが、当の本人は、

私だけが何か特別にずるいことをしたわけではないということは、ぜひご理解をお願いしたいと思っています（「ＭＢＳ　ＮＥＷＳ」二〇二三年七月十九日）

と述べ、最高裁へ上告した。

橋下時代から続く「不祥事体質」

七月二十日――
昨年の参院選に維新公認の比例候補として出馬し次点で落選していた上野蛍《ほたる》・元富山市議が、公選法に違反して選挙事務所以外にも拠点を設置していたことが報道された。

富山維新の呉松福一《くれまつふくかず》幹事長は取材に対し、六月にこの事案を把握し、上野氏への聞き取りを行ったと説明。「真摯《しんし》に調査し、真実と事実を明らかにします」とコメントを出した。（「読売新聞オンライン」七月二十日）

七月二十六日――

日本維新の会の和田有一朗《ゆういちろう》衆議院議員が警察から任意の事情聴取を受けていることが報道された。和田議員は七月十七日、神戸市内で軽自動車を運転中、駐車していた原付バイク二台に接触して転倒させる事故を起こしながら、警察に届け出ず走り去っていた。

法律を作る立法府の人間であるのに、遵法《じゅんぽう》意識がまるでない。警察は道路交通法違反の事故不申告の疑いで、任意で捜査を続けるという。

同じ二十六日――

日本維新の会神奈川四区支部長だった高谷清彦氏が、政治資金収支報告書の提出に遅れがあったとして解任されていたことが報じられた。

ここに挙げた一連の不祥事は、二〇二三年四月の統一地方選が終わったあと、五月から七月のわずか三カ月間に報道されたものの抜粋《ばっすい》でしかない。

日本維新の会という政党が、長年どのような資質の人間を公認して議会に送り込んできたかを端的に示してあまりある。

パワハラ、セクハラ、カネ…　橋下時代からつきまとう維新の「不祥事体質」脱却できるか（『産経新聞』六月十三日付）

いつまでたっても抜けきれない〝傲《おご》り〟と〝たるみ〟。

真っ先に〝改革〟しなければならないのは、日本維新の会に深くしみ込んだ「不祥事体質」ではないのか。

公明党、次への課題
――ＳＮＳは宣伝ツールではない

「負けに不思議の負けなし」

二〇二三年四月の統一地方選挙・衆参補欠選挙。

衆参の補欠選挙では自民党が擁立して公明党が推薦する候補が四勝一敗。ただ千葉五区と参院大分選挙区は僅差の接戦であり、維新が制した和歌山一区も含めて与党側に多くの課題が残った。

一方、立憲民主党は補選で完敗し、執行部の責任を問う声が噴出《ふんしゅつ》している。泉代表は、次期衆院選で一五〇議席を獲得できなければ代表を辞すると言わざるを得なくなった。日本共産党は議席の四分の一を失った統一地方選前半戦での大敗に続き、後半戦でも九一議席を減らす〝ひとり負け〟となった。

公明党は後半の市議選で八九一人が当選し、市議の会派別議員数では引き続き最多となったが今回は二議席を落とした。また、東京の特別区議選でも八人がはじき出され完勝を逃した。

勝ちに不思議の勝ちあり。負けに不思議の負けなし。

プロ野球の故・野村克也《かつや》監督が好んだ剣術書『常静子《じょうせいし》剣談』の言葉である。たまたま運よく勝つということはあるが、負けるときには不運だけでなく、やはり負けるべき原因がある。その敗因を正しく見定められない者は、また「負け」を繰《く》り返すとの戒《いまし》めだ。

党内での合意形成すらままならない政党や、実績もないのに候補を乱立させる政党が負けるのは、やむを得まい。しかし「チーム三〇〇〇」のネットワークを持ち、圧倒的な実績を誇る公明党で落選が出たことについては、よくよく考える必要があるのではないか。

「共感」するから「投票」する

投開票日翌日の四月二十四日に放送されたNHK「クローズアップ現代」は、支持基盤もない無名の若者や女性の候補者がSNSを駆使して共感層を広げ、地方議会に当選した複数の事例を紹介していた。

徳島文理大学の八幡和郎《やわたかずお》教授は、創価学会と公明党は「紙媒体の活字文化」には非常に強い組織だが、デジタル時代になった今「課題も多いのでは」と指摘している（『第三文明』二〇二三年四月号）。

内輪でのコミュニケーションでSNSが頻繁《ひんぱん》に使われているものの、「外に向かっての発信がどこまで功を奏《そう》しているのか」と危惧《きぐ》していた。

公明党は日刊の機関紙を持つ政党であり、全国津々浦々にまで党員・支持者のネットワークがある。そのため、ともすれば情報発信が〝内向き〟になりがちだ。「実績」も「政策」も「候補の人柄」までも、すべて党員や支持者が誰かに伝えることを前提に発信されてはいないだろうか。

時代は刻々と変化している。今やとくに若い世代ほど、そもそも他人から――たとえ、それが近しい関係からであっても――〝依頼されて〟投票するということには抵抗感が強い。自分で見聞きして共感するから投票行動を起こす。共感しなければ投票所に行かない。人々は自分のささやかな自発的意志が政治にコミットできている手応えを求めているのだ。

支持をお願いする側とされる側ではなく、「一緒に社会を変えていこう」という対等な関係の共感。それを、これまで公明党を選択肢から外していた層のなかに拡大していって、はじめて公明党の獲得票は増えていくと思う。

公明党はこのような理念と価値観を持って、このような社会をめざしている。この問題について、われわれはこう考えている。公明党の実績と政策は、あなたの望む社会の実現にこのように貢献できる。さらに課題を解決し、より良い社会に近づけるために、公明党はあなたの理解と力を必要としている——。

こうした誠実で明確なメッセージを、すべての国民なかんずく無党派と呼ばれる層に向けて、力強く届けていってもらいたい。

SNSは民主主義形成のツール

公明党が惜敗した選挙区はいずれも都市部であり、そこは住民の転出入が多い地域だ。たとえば東京都練馬区では、単純に見て前回の統一地方選からあとにいなくなった人と新しく入ってきた人の合計が総人口の二割前後を占める。

地価の高い都市部では集合住宅は大規模化する傾向にあり、オートロックで部外者の出入りが制限されている。住民はローンが組める比較的若い層が多く、共働きで昼間は地元にいない世帯や単身世帯の比率が高い。大半の住民は町会などにも属さない。つまり、旧来の地縁では接点さえ作れない住民が都市部では増え続けている。

こうした新しい都市住民には無党派層が多いとされるが、しかしそれは政治にまったく関心がないということではない。もし投票行動を起こすとすれば、そのトリガー（引き金）になるのは「共感」である。

八幡教授が指摘したように、公明党の議員は概《がい》してデジタルの発信力が弱いように思う。今回の統一地方選挙で議席を逃した候補者に五〇代以上が目立つことも、この点と無関係とはいえないのではないか。

実際に見てみると、かろうじてホームページは作っているものの、ＳＮＳアカウントさえない候補もいた。

たとえば友人から特定の政党や候補者への支援を依頼された場合、今の四〇代以下の人なら、まずスマホで検索するだろう。パッと公式のサイトなりＳＮＳアカウントが出てくることは最低限の必要条件。そこに、どのように伝わりやすく有権者への情報発信がなされているか。このクオリティが、政党なり候補者・議員の信頼の入り口になる。

誤解している人が多いが、政治家や候補者にとってのＳＮＳは「宣伝」のツールではない。日頃、直接顔を合わせることや対話することのできない有権者に向かって、コミュニケーションを図っていく手段なのである。

政治にあまり関心がない層、自分の政党に関心がない層、自分に対して関心がない層に向かって、「共感」の扉をノックし、地域や社会の課題を共有し、解決への協力を呼び掛けていく有効なツールがSNSなのだ。

つまり、民主主義を一緒に形成していくための重要なツールなのである。

自身の問題意識と取り組みを伝えていく

そのためには日頃の発信こそが肝心だ。

公明党でもSNSの発信に長《た》けた議員は、やはり選挙に強い。彼ら彼女らは選挙期間以外も誠実に発信を続け、政治活動や選挙区の情報を共有している。陳情《ちんじょう》や相談を受けた場合でも、何かを視察した場合でも、そこにどういう社会課題があるのかをきちんと記している。

自分が何に問題意識を持って、どのように解決しようとしているのか、その経過を有権者と共有する。そこではじめて、有権者もその議員を信頼でき、支援することで共に社会課題の解決に参画しようと思える。

日頃はホームページの更新もSNSの更新もほとんどせず、選挙が近づいて急に更新しはじめ、「○○で街頭演説をしました」「きょうも元気に頑張ります」「○○のラーメンを食べました」という投稿ばかりを並べていても、それでは新しい票にはつながるはずもない。

まして自分が訴えるべきことを自分の言葉で丁寧に伝えられず、選挙期間になってから「勝たせてください」「押し上げてください」と連呼しても、残念ながら「共感」などほとんど広がらないだろう。

デジタル選挙の時代になったということは、単に紙のチラシがLINEに置き換わったという話ではないのだ。

むしろ、これまでは接点さえ作れなかった有権者や、他党の支持者だった有権者に、議員(候補者)自身がダイレクトに接点を作れるのがデジタルの強みでもある。

だからこそ、有権者と一緒に民主主義を形成していこうとする議員(候補者)自身の日頃の姿勢が問われる。

今やＳＮＳで有効な発信ができない議員は、その時点で議員としての資質を大きく欠いてしまう。自分から一番遠い人に向かって丁寧に言葉を届けようと労を惜《お》しまない議員こそ、信頼と共感を得られるからだ。

誰に向かって何を発信しているのか。惜敗した候補者はもちろん、今回は運よく勝てた議員も含めて、デジタル時代に求められる政治家の資質と行動について、しっかり考えてもらいたいと思う。

今や「令和」の世である。いつまでも「昭和」の戦法だけで勝てるはずがない。ＳＮＳを駆使して新たな共感層を獲得する候補者が、各党とも次の選挙ではさらに増えるだろう。

支持をお願いする側とされる側ではなく、「一緒に社会を変えていこう」という対等な関係の共感。それを、これまで公明党を選択肢から外していた層のなかに拡大していって、はじめて公明党の獲得票は増えていく。

二〇二〇年代の民主主義構築へ、抜本的に発想を改めてほしいのだ。

【著者プロフィール】
松田 明（まつだ・あきら） ライター。都内の編集プロダクションに勤務。2015年から「ＷＥＢ第三文明」で政治関係のコラムを不定期に執筆している。

日本《にほん》の政治《せいじ》、次《つぎ》への課題《かだい》

2023年9月8日 初版第1刷発行

著　者　松田《まつだ》 明《あきら》
発行者　大島光明
発行所　株式会社 第三文明社
東京都新宿区新宿 1-23-5
郵便番号 160-0022
電話番号 03-5269-7144（営業代表）
03-5269-7145（注文専用）
03-5269-7154（編集代表）
振替口座 00150-3-117823
ＵＲＬ https://www.daisanbunmei.co.jp
印刷・製本 藤原印刷株式会社

Printed in Japan
ISBN 978-4-476-03420-2